MICHAEL KÖHLMEIER

DAS SCHÖNE

59 Begeisterungen

Hanser

1. Auflage 2023

ISBN 978-3-446-27752-6
© 2023 Carl Hanser Verlag GmbH & Co. KG, München
Einige Texte aus diesem Buch sind zuerst erschienen in
Bühne, Carpe Diem, Die Presse, Profil, Servus, Pragmaticus
und *Kleine Zeitung.*
Umschlag: Peter-Andreas Hassiepen, München
Satz: Gaby Michel, Hamburg
Druck und Bindung: Friedrich Pustet, Regensburg
Printed in Germany

für Monika –
unser lebenslanges Gespräch

Stolz und Pathos

Es ist viele Jahre her, da hörte ich zum ersten Mal Mozarts 40. Symphonie, dirigiert von Karl Böhm – es war eine hoffnungslos zerkratzte Schallplatte. Schon der erste Satz erschien mir wie ein Wunder. Ich galoppierte in die Musik hinein, als säße ich auf einem Pferdchen und hätte nur halb so viel Gewicht. Nach hundertmal Abhören, Auflegen, Abhören, Auflegen war die Platte dahin, und ich kaufte mir eine neue, wieder mit Karl Böhm am Dirigentenpult. Ich lernte das Musikstück bis in jeden Ton hinein kennen, ich konnte alle vier Sätze auswendig – aber ich begriff sie nicht. Diese Musik war das Substrat des Unbegreiflichen, dem wir in aller Kunst begegnen. Und auf einmal war ich von Stolz erfüllt, aber eben nicht von einem heiligen Stolz, der ja, allein des Wortes wegen, auf ein göttliches Wesen hinweisen würde; ich war stolz, derselben Gattung anzugehören, der Mozart angehörte: Ich war stolz, ein Mensch zu sein. Und war doch erst so jung und hatte noch so viel Menschsein vor mir.

Ich diskutiere mit einem guten Freund, er ist Schauspieler, Regisseur und Theaterdirektor. Ich sage, der Mensch muss Literatur, Kunst, Theater, Musik *wollen*, brauchen tut er dies alles nicht. Er sagt, nein, der Mensch *braucht* Kultur. Und er begründet es damit, dass wir in unserem Dauerkampf gegen die Natur untergehen würden, längst untergegangen wären, spätestens, nachdem uns Nietzsche den Tod Gottes gemeldet hat, wenn wir, die wir allein im Universum sind, nicht das Fähnchen unserer Identität hochgehalten hätten und immer hochhalten, und das könne einzig dadurch geschehen, dass wir stolz darauf sind, Menschen zu sein. Es gebe, so fährt er fort, weiß Gott genug, was wir anrichten, auf das wir – noch einmal weiß Gott – nicht stolz sein können. Aber wenn uns ein »menschliches Wunder« begegnet – wie eben Mozarts 40. Symphonie –, dann, so mein Freund, erkennen wir unsere Größe, unsere Einmaligkeit und unsere Freiheit. Und deshalb brauchen wir Kultur.

»Wieso Freiheit?«, frage ich.

Er antwortet: »Weil es Freiheit bedeutet, nämlich äußerste Freiheit, wenn uns in solchen Werken der Kunst bewiesen wird, dass wir Menschen keinen Gott, keinen Kaiser, keinen Tribun brauchen, um uns selbst zu erheben, sondern allein uns selbst.«

Das ist Pathos.

Ich habe nichts dagegen. Aber man muss aufpassen. Pathos ist ein Hund. Pathos vereinnahmt ebenso, wie es ausschließt. Und Pathos lügt sehr oft. Oft ist Pathos ein Trick: Es transferiert ein Gefühl von seinem angestammten Adressaten auf ein anderes Feld – Beispiel: Die Liebe zum Vater wird als etwas Gutes, Edles, Schönes empfunden; hänge ich über die Nation den Begriff Vater, mache sie also zum »Vaterland«, dann übertrage ich dieses Gefühl auf ein historisch politisches Gebilde, das im Ganzen betrachtet nur wenig mit meinen Gefühlen zu tun hat, und es ist durchaus ratsam, sich zu fragen, welchen Zwecken diese Übertragung dient.

Ich habe nichts gegen Pathos, wenn es einem wahren Gefühl entspringt – dem Gefühl der Freude über die Großartigkeit des Menschen. Wenn ich Musik höre, wenn ich ein Gemälde betrachte – mir fällt ein, dass ich bei meinem nächsten Wienbesuch unbedingt wieder das Kunsthistorische Museum besuchen muss, um mir die Bilder von Pieter Bruegel anzusehen! –, wenn ich einen Roman lese, der mich in die innerste Herzkammer eines Menschen führt – zum Beispiel *Kanada* von dem amerikanischen Autor Richard Ford –, oder wenn ich ins Theater gehe, dann kann es sein, dass ich, ohne ihn zu begreifen, ahne, dass unser Leben einen Sinn hat und dass wir es sind, die den Sinn geben, und dies gerade dann, wenn wir ihn nicht begreifen.

Unsere Nachbarn hier auf dem Land erzählten mir – auch das ist schon sehr lange her, sie sind schon lange tot –, sie seien nur einmal in ihrem Leben in Wien gewesen, und da hätten sie sich von ihrer Tochter überreden lassen, im Burgtheater ein Stück von Shakespeare anzusehen, *König Lear*. Nie seien sie bis dahin im Theater gewesen und seit damals auch nicht mehr. Sie hätten befürchtet, das sei doch nichts für sie; sie seien sich sogar nicht einmal sicher gewesen, ob man sie hineinlässt. Dann aber hätten sie gesehen, dass neben ihnen Männer ohne Krawatte und Frauen in Turnschuhen gesessen seien, und da hätten sie sich gedacht, aha, wenn das geht, wird man uns auch nicht hinauswerfen. Wie ihnen das Stück gefallen habe, fragte ich sie. Es sei wunderbar gewesen, am Anfang hätten sie sich mit der Sprache noch etwas schwergetan, aber dann seien sie hineingekommen. Es sei ihnen zu kurz erschienen, obwohl es dreieinhalb Stunden gedauert habe. Sie hätten später noch oft darüber geredet, erzählten sie, und sie seien nicht immer der gleichen Meinung gewesen. Die Frau zum Beispiel habe mit dem alten König schon auch Mitleid gehabt, aber sie habe ihn auch ausschimpfen mögen; es gehöre sich nicht, die Töchter antreten zu lassen vor Leuten, die nicht Familie sind, und dann von ihnen zu verlangen, sie sollen eine nach der anderen sagen, wie sehr sie den Papa lieben. Der Mann sagte, ja, ja, sie habe schon recht, aber er sehe es doch etwas anders, er sei eben ein Mann, und die Männer, weil sie das ganze Leben außer Haus arbeiten müssen, kriegen zu wenig von der Liebe mit, und dann wollen sie am Ende alles auf einmal, das müsse man doch verstehen, ihm tue der König sehr leid. Es war ein langes Gespräch, das ich mit dem Ehepaar aus unserer Nachbarschaft über *König Lear* geführt habe. Am Ende fragte ich sie, warum sie denn später nie wieder ins Theater gegangen seien. Sie antworteten einhellig: Sie hätten gefürchtet, der wunderbare Eindruck wäre dadurch kleiner geworden.

Ich erzähle die Geschichte meinem Freund. Er sagt, ich hätte folgendermaßen argumentieren sollen: Größer wäre der Eindruck geworden. Das Gute verdünne sich nicht. Ein Gutes gebe dem anderen. Wer *Macbeth* gesehen hat, verstehe *König Lear* besser, wer *Othello* gesehen hat, könne sich besser in Professor Unrat aus dem gleichnamigen Roman von Heinrich Mann einfühlen; und wenn er sich Gedanken über Jago mache, verstehe er in Zukunft besser, eine Intrige abzuwehren. – Ich will meinem Freund glauben.

Wer Mozarts 40. Symphonie hört, hat ein Instrument gewonnen, um sich bei Shakespeare und bei all den anderen Werken der Literatur besser zurechtzufinden. Kunst hilft Kunst über alle Sparten hinweg. Und warum ist das so? Weil Kunst, Literatur, Musik, Theater nicht zum Menschen im Allgemeinen sprechen, sondern zu jedem einzelnen – und das heißt: zu mir. Es gibt im Spiegel nichts Schöneres, nichts Aufregenderes, nichts Interessanteres zu sehen als mich selbst. Ich entdecke in König Lear, dem alten verzweifelt Liebenden, mich selbst; in der absurden Hölle von Samuel Becketts *Endspiel* sehe ich meine eigene Leere in all ihrer absurden Buntheit; aus Bruegels *Kinderspielen* erklingt mein eigenes kindliches Jauchzen; aus Mozarts Musik weht mir Unerhörtes aus meiner Seele entgegen. Das Erhabene, was ist es anderes als Teilhabe an der Größe und Herrlichkeit des Menschen. Das Erhabene sind wir selbst.

So geht Pathos. Und das ist nicht schlecht.

Anna Karenina

»Alle glücklichen Familien gleichen einander, jede unglück-
liche Familie ist auf ihre eigene Weise unglücklich.«

In diesem kleinen Satz – dem wohl berühmtesten Anfangs-
satz der Romanliteratur – ist das Thema der folgenden mehr
als tausend Seiten umrissen. Wenn es stimmt, dass die Keim-
zelle jeder Gesellschaft die Familie ist – gleich wie Familie definiert wird –, dann kündigt dieser Satz ein Gesellschaftspano-
rama an; und ich sage es gleich, ein umfassenderes hat es bis
dahin in der Literatur nicht gegeben. Der amerikanische Literaturwissenschaftler Harold Bloom stellt Tolstoi neben die
Autoren der Bibel, neben Homer und Shakespeare auf den
Gipfel des Parnass.

Anna besucht ihren Bruder, um dessen Ehe zu retten. Es
gelingt ihr. Sie trifft auf Kitti, die Schwester ihrer Schwägerin,
ein liebes, empfindliches Mädchen, das sich in den leichtlebi-
gen Offizier Wronskij verliebt hat und hofft, er mache ihr endlich einen Antrag. In der Eisenbahn treffen Anna und Wronskij aufeinander, eine heimliche, unheimliche Leidenschaft beginnt. Anna ist die Mutter eines achtjährigen Sohnes, sie ist
mit Karenin, einem ordnungsmächtigen, fantasielosen Beamten, verheiratet. Als ihre Affäre auffliegt, bittet sie ihren Mann
um die Scheidung. Inzwischen ist sie schwanger von Wronskij.
Karenin gibt seine Frau schließlich frei; der Sohn aber, so be-

stimmt er, bleibt bei ihm. Die Trennung von ihrem Kind kann Anna nicht verwinden. Sie gerät in eine Krise.

Als ich den Roman zum ersten Mal las, war ich ganz auf der Seite von Anna. Wronskij konnte ich nicht wirklich gut leiden, er erschien mir zu zögerlich, zu oberflächlich auch. Als er meint Anna zu verlieren, versucht er, sich das Leben zu nehmen. Ich hielt das für schäbige Taktik, ich habe ihm nicht geglaubt – und ich dachte, auch Anna glaubte ihm nicht. Anna war für mich die Heilige. Karenin fand ich einfach nur langweilig, stur und bösartig.

Mit fünfzig las ich den Roman ein zweites Mal, erst vor kurzem ein drittes Mal. Es war, als würde das Buch neu aufgeschlagen. Ich traf in Karenin einen einsamen, mitfühlenden, im Interesse seines Sohnes klar denkenden, klar urteilenden Mann, der weiß, dass er seine Frau verloren hat, der verletzt ist, aber keine Rache empfindet. Beim dritten Lesen war dieser graue, so gar nicht schillernde Mensch mein wahrer Held. In ihrer blinden Leidenschaft und Eifersucht, ihrem Wahn, interessiert sich Anna nicht für ihre kleine Tochter, die ja immerhin die Frucht ihrer Liebe zu Wronskij ist; Karenin aber nimmt sich des Kindes an, gegen alle Vorurteile seiner Zeit tut er das, für die Menschen um ihn herum ist das Mädchen ein Bastard, Karenin liebt es. Über Anna habe ich mich nun geärgert. Als junger Leser hatte ich ihre Leidenschaft, diese *Amour fou*, als etwas Heiliges bewundert – als ob Verliebtheit alles rechtfertigte.

Anna Karenina wurde als ein Doppelroman bezeichnet, weil zwei große Dramen ineinandergreifen – er ist viel mehr: Ein halbes Dutzend Handlungsstränge mit jeweils einem halben Dutzend Personen sind so kunstvoll verflochten, dass wir glauben dürfen, das Leben, wie es ist, wie es zu dieser Zeit war, aber auch, wie es immer sein wird, vor uns zu sehen.

Mehr als unendlicher Spaß

Vor der »Kraft, die stets das Böse will und stets das Gute schafft« – müssen wir uns vor der fürchten? Wenn sogar dem Teufel nichts anderes bleibt, als letztendlich dem Guten zu dienen? Ende gut, alles gut. Es gibt immer welche, die das Ende erleben, und mit denen freuen wir uns, auch wenn wir vor ihnen gestorben sind. – Nach dem Vorbild und unter Verwendung einer volkstümlichen Figur aus dem Mittelalter schuf Goethe mit seinem Mephistopheles einen neuen Mythos: den aufgeklärten, eloquenten, eleganten europäischen Zyniker, der das Papiergeld und den glatten, ökonomisch unwiderlegbaren Wirtschaftsliberalismus erfindet, dem die altmodische, unpraktische, unhygienische Hütte von Philemon und Baukis weichen muss. Mephistopheles war im alten Volksbuch vom Doktor Faust noch eine Schreckfigur, mehr gruselig als entsetzlich, eher ein Schausteller auf dem Jahrmarkt als der Fürst der Finsternis. Goethe hat aus ihm den Teufel der Aufklärung geformt. Die aufkommende Industrialisierung und die Festigung der bürgerlichen Märkte benötigten ein neues Bild, einen neuen Mythos des Bösen.

Die Welt muss in den Fugen bleiben – nur darauf kommt es an. Die Fugen der Welt, das sind die Motive und die Kausalitäten. Wenn wir wissen, *warum* etwas geschieht und in welcher Abfolge und dass die Abfolge logisch zwingend ist, dann scheint halb so wild, *was* mit uns geschieht. Die Eschatologie der Aufklärung – ja, das gibt es! – lässt uns zudem glauben – auch scheinen Glaube und Aufklärung auf diesem Feld einander nicht zu widersprechen –, dass sich die Welt und der Mensch hin zum Besseren »entwickeln«. Das in Anführungszeichen gesetzte Wort weist darauf hin, dass das Gute schon von Anfang an und in allem enthalten ist, es muss nur ausgewickelt werden, wie ein Bonbon eben. Goethes Mammutwerk ist ein hoher Lobgesang auf die Sinnhaftigkeit der Geschichte und stellt, so gesehen, das poetische Pendant zur Staatsphilosophie von Georg Wilhelm Friedrich Hegel dar (und später auch zu *Das Kapital* von Karl Marx, wie uns der Literaturwissenschaftler Heinz Schlaffer in seinem inzwischen klassischen Buch *Faust Zweiter Teil. Die Allegorie des 19. Jahrhunderts* vorführt).

Aber am Ende des optimistischen, von der Sonne überstrahlten Tages, in dem sich auch eine finstere Figur wie Mephisto recht wohl fühlte, kommt die Nacht; und im Schatten des Mondes verkümmern die Motive und die Kausalitäten, und die Teufel, die sich nun durch die Erde nach oben graben, sind keine eloquenten Zyniker mehr, mit denen man durchaus nicht ungern einen Abend verbringen würde, sondern nur böse. Schon die Romantik hatte eine Ahnung: Um böse zu sein, braucht es nicht mehr als – böse zu sein. Die Zerstörung benötigt keinen Plan. Was aber ist das reine Böse? Vor allem, was ist das moderne reine Böse? Gibt es heute wieder einen neuen Mythos des Bösen? Ist ein neuer Mythos fällig, um uns unsere Zeit begreifbar zu machen? Ohne eine Figur, die ihn trägt, ist ein Mythos nicht denkbar, er verkäme zur Theorie; in einer Figur erst verdichten sich die Ängste, die Vorlieben, die Vorurteile einer Zeit zur Kenntlichkeit. Gibt es heute so eine Figur, einen neuen Repräsentanten des Bösen?

In dem Märchen *Herr Korbes* tun sich die Tiere mit den Dingen zusammen, um einen Mann erst zu quälen und dann zu töten. Wir wissen nicht, warum sie es tun. Wir wissen nicht, was Tiere und Dinge dazu bewogen hat, eine Allianz gegen diesen Menschen zu bilden. Es benötigt keine großartige Interpretation, um uns davon zu überzeugen, dass mit dem Herrn Korbes wir gemeint sind, wir alle, also auch ich. Wir dürfen uns vielleicht einbilden zu verstehen, was Tiere denken, wenn sie überhaupt denken, und was sie fühlen, wenn sie überhaupt fühlen; was jedoch in den Dingen vor sich geht, in einer Nähnadel, einer Stecknadel, einem Mühlstein, das wissen wir nicht; da sind uns doch die Gedanken Gottes begreifbarer. Wilhelm Grimm hat in der letzten Ausgabe der *Kinder- und Hausmärchen* der Geschichte einen Satz hinzugefügt: »Der Herr Korbes muss ein böser Mann gewesen sein.« Damit war die Welt wieder in den Fugen, ein Motiv war gegeben: Nicht, dass man für einen bösen Mann gleich die Todesstrafe fordert, aber man weiß wenigstens, *warum* er umgebracht wurde.

Als Kind hat mich dieses Märchen sehr beunruhigt; in der Fassung, die mir von meiner Großmutter erzählt wurde, fehlte der letzte Satz. Als ich ihn als Erwachsener während meines Studiums las, kam er zu spät; ich glaubte ihn nicht, er vermochte die angeschlagene Ecke meines Weltvertrauens nicht mehr zu reparieren. Auch wenn mit dem angeklebten Motiv die Menschheit als Ganzes entlastet wurde, der Angriff der Tiere und der Dinge also nur diesem einen, dem angeblich bösen Herrn Korbes, galt, wurde ich den Gedanken nicht mehr los, dass wir, wir alle, bei den Tieren und den Dingen nicht gut angeschrieben sind. Ich hielt es für möglich und halte es immer noch für möglich, dass sogar das Sicherste, über das wir verfügen, nämlich Logik und Kausalität, ebenso Illusionen sind wie so viele andere Als-ob, die uns das Rangieren in der Welt leichter machen und auf die wir als *natural born pragmatics* nicht verzichten wollen und können. Ich werde nicht müde, auf Hans Vaihingers *Philosophie des Als Ob* hinzuweisen, ein Buch, das sich wie wenig andere um den Menschen in seiner ontologischen Verunsicherung kümmert.

Dem Teufel des 20. Jahrhunderts war mit fein gesponnener Literatur nicht mehr beizukommen. Der alte Gottseibeiuns hat sich die intellektuellen mephistophelischen Flausen abgeschminkt; er hat neu Anlauf genommen. Das Jahrhundert begann damit, dass die Welt erfuhr, wie König Leopold II. von Belgien im Kongo gewütet hat – die Hälfte der Bevölkerung hat er umgebracht. Dass so etwas überhaupt möglich ist! Dann der Genozid an den Hereros in Deutsch-Südwestafrika – achtzig Prozent des Volkes. Fortsetzung folgte in den Gräueln des Ersten und des Zweiten Weltkriegs, im Holocaust, im stalinistischen Terror, im ukrainischen Holodomor, in Maos Kulturrevolution und in Pol Pots Steinzeitkommunismus … – Wovon hätte nach diesem 20. Jahrhundert ein neuer Mythos zu erzählen, wenn nicht vom Bösen?

Die Entstehung der Welt, von der alle großen Mythen zu allen Zeiten erzählten, hat sich die Naturwissenschaft zum Thema gemacht, und zwar auf eine Weise, die keinen Widerspruch duldet, weil jeder Widerspruch lächerlich wäre. Das

Gleiche trifft auf die Apokalypse zu, den Untergang. Anfang und Ende, die Brennpunkte jedes Mythos, sind also fest vergeben. Die wissenschaftlichen Erkenntnisse, Szenarien und Spekulationen darüber erweisen sich als phantastischer denn jeder Mythos – zugleich aber auch als unendlich langweilig. Der langsame Kältetod des ohnehin kalten Universums vermag niemanden in den Bann zu schlagen. Sehr unwahrscheinlich, dass irgendwann irgendein Tonsetzer daraus eine Oper komponiert. Ragnarök gab dafür mehr her. Auch harte Astrophysiker sah man schon mit hingebungsvollen Augen und Ohren in Wagners *Götterdämmerung* sitzen.

Das Böse hingegen hat aller Verwissenschaftlichung standgehalten, es ließ sich weder ins Überschaubare psychoanalysieren noch juristisch knebeln, auch konnten all die Erzählungen in Buch, Film, Funk und Fernsehen seine raue Schale nicht abraspeln und den bitteren Kern so weit verdünnen, dass er uns nicht mehr das Innerste verätzt. Der Teufel hat von allen allegorischen Figuren am wenigsten Staub angesetzt. Er hält sich gleichauf mit dem Tod. Aber eine neue Erzählung vom Bösen? Ein neuer, nachaufklärerischer Teufel? Ein neuer Mythos?

»I shot a man in Reno / Just to watch him die.« So sang Johnny Cash 1968 bei seinem legendären Auftritt im Folsom Prison vor tausend Schwerverbrechern. Die Kriminalgeschichte erzählt von vielen Gründen, jemanden zu töten. Nur um jemanden sterben zu sehen, ist vielleicht nicht, erscheint uns aber tautologisch, als Motiv können wir solche Rückbezüglichkeit kaum gelten lassen; er tut es, weil er es tut – darauf läuft die Begründung hinaus, und das ist zu wenig, um uns zu beruhigen. Bei besonders entsetzlichen Bluttaten haben wir einen Ausweg bereit, wir sagen: Der Täter war verrückt. Und wissen wieder nicht genau, was wir damit meinen. Dass ein Mensch normal sein kann, ganz normal, wie du und ich, und dass er trotzdem mordet, und zwar *ohne einen Grund* mordet, nur um des Mordens willen mordet, das ist allerdings eine neue Erkenntnis, das ist ein psychologischer Schock. Motivlosigkeit hätten die Bösen der Vergangenheit, Leopold II., Hitler, Stalin, Mao, Pol Pot, empört von sich gewiesen, sie mordeten aus Gier, Rassenwahn, Klassenwahn oder schlicht aus Gehorsam. Gerade weil sich die »neue« böse Tat jedem überkommenen Verständnis verweigert, kann sich an ihr ein Mythos entspinnen.

Als hätte sich die Erklärung des Unerklärlichen personalisiert, taucht 1940 zum ersten Mal die Figur des Jokers auf. In einem Comic. Wie sein Vorgänger Mephisto ist der Joker eine Erfindung der trivialen Populärkultur. Er ist der Gegenspieler von Batman, dem in der Verkleidung eines Fledermausmannes über Gotham City wachenden Milliardär Bruce Wayne. Inspiration für den Joker bezog der Zeichner Jerry Robinson (1922–2011) aus Victor Hugos Roman *Der lachende Mann* von 1869, in dem von einem wahnsinnigen Arzt erzählt wird, der einem jungen, durch und durch liebenswürdigen, durch und durch angepassten »normalen« Mann mit dem Skalpell ein ewiges Lachen ins Gesicht schneidet. Im Comic allerdings hat diese Figur von Anfang an anarchistische Züge, der Joker ist von Anfang an zügellos böse. Das Böse macht dem Joker Spaß; was er tut, tut er um des Spaßes willen. Dies mag ein merkwürdiges Motiv für Zerstörung und Mord sein, ein perverses Motiv, aber immerhin ist es ein Motiv. Der »unendliche Spaß« des

Jokers – *Infinite Jest* (ein Zitat aus Shakespeares *Hamlet*; dem amerikanischen Autor David Foster Wallace diente es als Titel eines seiner Romane) – drückt sich im ewigen Grinsen der Figur aus und in seinem clownesk geschminkten Gesicht: breiter roter Mund, der bis in die Wangen hineinreicht, weiße Haut, grüne Haare. Das Dauergrinsen könnte diese Figur zu einem Verrückten stempeln, dem alles zuzutrauen ist, der dann aber kein wirklich interessantes Objekt für die Motivforschung wäre, weil er für seine Taten nicht nur kein Motiv *hat*, sondern keines *braucht*, jedes Motiv also beliebig wäre.

Der Joker aber ist nicht verrückt, nicht in einem pathologischen Sinn. Er ist wohl eher ein Narr; der Narr, zu Ende gedacht. Zum ersten Mal in der abendländischen Literatur begegnen wir dem Narren in der *Ilias* des Homer – Tersites, der als der einzige Nicht-Adelige unter den griechischen Offizieren verkehrt, spricht unliebsame Wahrheiten aus, hält nichts von einer Ehre, die einen Helden wie Agamemnon gegen Kritik immunisiert. Shakespeare führt uns zwei völlig verschiedene Narren vor. Einmal in *König Lear*, hier ist er von Beruf Narr, ob er einen fröhlichen oder einen finsteren Charakter hat, das wissen wir nicht, wir wissen nur, er ist nicht verrückt, und böse ist er auch nicht, jedenfalls nicht mehr als wir. Der andere Narr ist gefährlich und hat mit den gefährlichen Narren unserer Zeit viel gemeinsam; es ist Jago aus *Othello*. Er ist ein Zerstörer. Er ist böse. Aber aus anderen Gründen und mit anderem Ziel als der Joker. Jago folgt seiner persönlichen Rache. Das tut der Joker nicht. Jago meint, ihm sei Unrecht geschehen, seine Rache ist unverhältnismäßig, er vernichtet Michael, Othello, Desdemona, seine eigene Frau und sich selbst.

Der Joker hat gegen niemanden etwas. Der Joker ist gegen alle. Und er zerstört alles.

Aber erst in der Darstellung durch den US-Schauspieler Heath Ledger in dem Film *The Dark Knight* findet der Joker als Personifikation des Bösen zu sich selbst. Und wird damit eine tatsächlich moderne mythische Figur. Er ist die Kraft, die stets das Böse will und stets das Böse schafft. Weil sich sein Tun in keine Eschatologie einbetten lässt. »Das Chaos ist fair«, sagt er einmal – über diesen Satz ließe sich eine Abhandlung schreiben. Und an einer anderen Stelle: »Ich bin ein Hund, der Autos nachjagt. Ich wüsste gar nicht, was ich machen sollte, wenn ich eines erwische.« Über uns philosophiert er vor Batman: »Ihre Moral, ihr Kodex, ist ein schlechter Witz. Verworfen beim ersten Anzeichen von Ärger. Sie sind nur so gut, wie die Welt ihnen erlaubt, zu sein. Es ist doch so, es kommt hart auf hart, und diese zivilisierten Menschen fressen sich gegenseitig. Ich bin kein Monster, nur der Zeit voraus.«

Das Entsetzen packt uns – sicher auch wegen der perfid bösen Dinge, die er tut; wenn er zum Beispiel den Zaubertrick mit dem Bleistift vorführt: Er stellt einen Bleistift auf den Tisch mit der Spitze nach oben, sagt zu den Gangstern, die um ihn herum sitzen, er könne das Ding verschwinden lassen, packt blitzschnell einen von ihnen am Hinterkopf und haut sein Gesicht auf den Stift, der verschwindet tatsächlich – im Gehirn des Mannes. Entsetzlich, ja, aber ähnliche Szenen haben sich inzwischen bis ins Vorabendfernsehprogramm vorgearbeitet, damit können wir einigermaßen umgehen. Was uns beim Joker, in der Darstellung von Heath Ledger, tiefstes Grauen einjagt, ist, dass er nicht nur ohne ein Motiv mordet und zerstört, sondern auch ohne Spaß, er hat *Infinite Jest* hinter sich gelassen. Er ist bizarr, aber nicht verrückt, und nicht einmal er selbst weiß, warum er tut, was er tut. Damit ist die Welt aus den Fugen.

Dennoch können wir nicht aufhören zu fragen: Warum? Warum tut er? Und haben vielleicht nur noch eine Antwort parat: *Weil er es kann.* Diese Antwort ist ungeheuerlich, denn sie verweist auf die Theologie. Keine andere Antwort wäre denkbar, wenn wir nach den Motiven Gottes bei der Erschaffung der Welt fragen. *Weil er es kann.* Ein anderes Motiv ist vor der Erschaffung der Welt, also des Ganzen, nicht denkbar, alle anderen Motive würden auf die Welt und ihr Einzelnes verweisen.

Somit wird das Böse in dieser neuen, aus der Trivialliteratur entstiegenen Figur zur Kehrseite der Figur unseres Schöpfers. Und er wird zugleich zum Fremden an sich. Denn nichts ist dem Einzelnen fremder als das Ganze; das Einzelne ist nachgerade die Emanzipation vom Ganzen, die Negation des Ganzen. Das Ganze droht jederzeit das Einzelne zu verschlingen. Das Böse an sich, so fürchten wir, würde uns auslöschen. Es ist das Nichts, wir sind das Etwas. Diese Angst ist uralt, in der Verkörperung einer Figur im Clownskostüm, einer Comicfigur aus einem Schundheft, hat sie die moderne Bühne betreten.

Unser Wilhelm Busch

Wenn meine Eltern gut gelaunt waren und ihre gute Laune aus ihrer gegenseitigen Zuneigung entsprang, dann zitierten sie Wilhelm Busch, und meine Schwester und ich wussten, jetzt interessieren sie sich nicht für uns, jetzt sind sie ganz beieinander. Die beiden warfen sich Zitate zu, vor allem aus *Plisch und Plum*, aber auch aus *Balduin Bählamm* oder *Maler Klecksel*, und wir durften denken, sie verbinden mit jedem Vers die Erinnerung an ein gemeinsames Erlebnis, kleine Geheimnisse ihrer Liebe. *Plisch und Plum* konnten sie auswendig.

Ich habe die alte Ausgabe der Werke von Wilhelm Busch geerbt, die bei uns im Wohnzimmer auf dem Schreibtisch meiner Mutter lag. Sie ist zerfleddert. Ich lese darin, lese meiner Frau vor, und wir kugeln uns vor Lachen.

> Zugereist in diese Gegend,
> Noch viel mehr als sehr vermögend,
> In der Hand das Perspektiv,
> Kam ein Mister namens Pief.

> »Warum soll ich nicht beim Gehen« –
> Sprach er – »in die Ferne sehen?
> Schön ist es auch anderswo,
> Und hier bin ich sowieso.«

Berühmt wurde Wilhelm Busch mit der bösen Lausbuben-story *Max und Moritz*, dieser »Bubengeschichte in sieben Streichen«, geschrieben in den sechziger Jahren des 19. Jahrhunderts. Natürlich haben meine Eltern auch daraus zitiert – besonders oft das »Aber wehe, wehe, wehe! Wenn ich auf das Ende sehe!«. Der Dichter und Zeichner wurde nicht glücklich, konnte sich nicht freuen über den großen Erfolg. Er wollte ein Maler sein, ein ernsthafter Maler. Seine Gemälde, großflächig und in Öl, waren epigonal. Originell waren die schnellen Skizzen, die Karikaturen und die Verse. Damit konnte er seine Schulden bezahlen und einen Lebensstil führen, in dem die Sorgen nicht das Geld meinten.

Wilhelm Busch wird oft als ein Vorläufer der Comics genannt. Das sollte man korrigieren in: Vorläufer der Graphic Novel. Tatsächlich sind einige seiner Geschichten Bilderromane. Ich weiß nicht, was ich in meiner Begeisterung höher halten soll, die Texte oder die Bilder. Niemand kann so lakonisch und präzise reimen wie Wilhelm Busch. – Ein Betrunkener zieht einem Fremden den Hut übers Gesicht; daraus wird eine Strophe, die als Motto über der Philosophie des Existenzialismus stehen könnte:

> Ohne Hören, ohne Sehen
> Steht der Gute sinnend da;
> Und er fragt, wie das geschehen,
> und warum ihm das geschah.

… ein Lieblingszitat meines Vaters, wenn ich eine schlechte Note nach Hause brachte.

Die Spießer hat er nicht leiden können, der Wilhelm Busch, gnadenlos hat er sie mit wenigen Strichen bloßgestellt. Wenn Fittig sich von dem englischen Mister die beiden Hunde Plisch und Plum abkaufen lässt, dann sehen wir eine unterwürfige Figur, die mühsam ihre Geldgier mit vermeintlichen Manieren zu bändigen sucht. Die mieseste Figur ist Schlich, der immer da ist, wenn es jemandem schlecht ergeht, die Nachbar gewordene Niedertracht, die Pfeife rauchende Schadenfreude.

> »Ist fatal!« – bemerkte Schlich –
> »Hehe! aber nicht für mich!«

Die Geschichte geht gut aus – in einem Busch'schen Sinn freilich: Die Kinder Peter und Paul sind in ihrem Ungestüm gebrochen, der Vater hat die Hunde, die an allem Unheil schuld waren, zu einem überhöhten Preis verhökert. Nur der Schlich …

> Fremdes Glück ist ihm zu schwer.
> »Recht erfreulich!« murmelt er –
> »Aber leider nicht für mich!!«
> Plötzlich fühlt er einen Stich,
>
> Kriegt vor Neid den Seelenkrampf,
> Macht geschwind noch etwas Dampf,
> Fällt ins Wasser, dass es zischt,
> Und der Lebensdocht erlischt.

Was der Zeichner Ludwig Grimm, der Bruder der Märchen-sammler Jacob und Wilhelm, begonnen hat, nämlich lange Geschichten in Bildern zu erzählen, hat Wilhelm Busch zur großen Kunst getrieben, zu einer neuen Kunst, die es vor ihm nicht gab. – Ach, hätte er sich nur daran so freuen können, wie wir uns freuen!

Die Abenteuer des Huckleberry Finn

Hemingway war der Meinung, alle neuere amerikanische Literatur habe als Inspirationsquelle diesen Roman. Er sah in *Die Abenteuer des Huckleberry Finn* das Gründungsdokument der modernen amerikanischen Erzählkunst. Das ist wohl wahr, zugleich trifft auf ihn wie auf wenige andere Erzählwerke Goethes Begriff der »Weltliteratur« zu. Ich kenne kein anderes Buch, in dem so radikal, niederschmetternd, aber auch göttlich über Freiheit erzählt wird. Der kleine Huckleberry Finn – er dürfte um die zehn Jahre alt sein, wahrscheinlich weiß nicht einmal er selbst sein Geburtsdatum – ist der freieste Mensch, von dem uns je erzählt worden ist. So frei zu sein ist nicht nur eine Erlösung, nicht nur eine Gnade.

Huck hat keine Anverwandten; wer seine Mutter ist, weiß er nicht; wahre Freunde hat er nicht – nein, auch Tom Sawyer, von dem Mark Twain im Vorgängerroman erzählt, ist kein wahrer Freund. Den Vater kennt er; der aber ist ein Halunke, ein Säufer, der seinen Sohn prügelt, der ihn ausnützt, erpresst, zynisch unterdrückt, der zum Glück nur selten auftaucht.

In *Tom Sawyers Abenteuer*, dem Vorgängerbuch, verstecken sich Tom, Huck und ein dritter Freund auf der Jackson-Insel im Mississippi, sie spielen den Leuten von St. Petersburg den Tod vor. Es bereitet Tom ein teuflisches Vergnügen, ihre Wiederauferstehung zu inszenieren. Die Gesellschaft jener Zeit war fasziniert von den Romanen Walter Scotts, die massenhaft hysterisch romantische Schwärmereien auslösten – Mark Twain sagte einmal, man hätte den Süden Amerikas in »Walter-Scott-Land« umbenennen sollen. Huckleberry, obwohl im Übermaß abergläubisch, verfällt diesem Wahn nicht, er ist Realist, und lesen kann er auch nicht. Er schwimmt noch einmal zur Jackson-Insel, schlachtet ein Tier, tunkt seine Jacke in das Blut und inszeniert seinen Tod. Aber diesmal ist es kein Spiel. Er will, dass man ihn für tot hält. Er will keine Spur hinterlassen. Er will sich von seinem Vater befreien und von allen Zwängen und Erwartungen. Endgültig. Zusammen mit dem entflohenen schwarzen Sklaven Jim fährt er auf einem Floß den Mississippi hinunter. Hinter St. Louis will sich Jim auf einen Dampfer schmuggeln und auf dem Ohio River nach Norden fahren, wo es keine Sklaverei gibt, wo er ein freier Mann ist.

In einer der schönsten Szenen des Romans sitzt Huckleberry nachts mitten in einem gewaltigen Gewitter auf einem Berg; er hört den rollenden Donner, sieht die letzten Sterne, bevor sie hinter den Wolken verschwinden – er ist frei. Wir ahnen, dass solche absolute Freiheit kein langes Leben verspricht und dass sie vielleicht nur erträglich ist, wenn die Elemente der Natur uns aufnehmen und, wenigstens für eine kleine Stunde, zurückführen in die Bewusstlosigkeit, bevor Eva die Frucht vom Baum der Erkenntnis gepflückt hat.

Zeig mir die Romane, die man mit zehn Jahren begeistert liest, die man mit zwanzig wiederliest, womöglich mit noch größerer Begeisterung, die einen ein ganzes Leben lang begleiten, die dem Dreißig-, Vierzig-, Sechzigjährigen immer neues Vergnügen, neue Erkenntnisse bieten, die in immer neue seelische Tiefen blicken lassen – *Die Abenteuer des Huckleberry Finn* ist gewiss einer davon!

Wir Turmbaumeister

Ganz sicher ist es nicht, ob Gott die Namen der Tiere bereits kannte, als er sie erschuf. Fest steht hingegen, dass er dem Adam befahl, mit dem Finger auf jede einzelne Kreatur zu zeigen und dazu Laute auszustoßen. Ob Adam zuvor schon etwas gesagt hat, weiß man nicht. Wahrscheinlich nicht. Es gab keinen Anlass dafür. Die ersten Laute des ersten Menschen gaben den Tieren ihre Identität. – Die ersten Worte waren Namen.

Wir müssen einschränken: die ersten Menschenworte. Nirgends steht geschrieben, Gott spreche – wenn er mit sich selbst redet – die Sprache seines Geschöpfs. Wohl aber, dass er gesprochen hat, bevor der Mensch war. Bereits am ersten Schöpfungstag hat er dem Licht befohlen zu werden. Und Namen gegeben hat er auch schon. In Psalm 147,4 heißt es: »Er zählt die Sterne und nennt sie alle mit Namen.«

Wie aber klingt Gottes eigene Sprache – angenommen, er verfügt über eine? Kann man in diesem Fall überhaupt von Sprache sprechen? Setzt Sprache nicht wenigstens zwei voraus, die sowohl sprechen als auch hören und verstehen können? Der biblische Gott aber ist der Einzige. Darin unterscheidet sich der hebräische Mythos ja gerade vom griechischen oder ägyptischen. Mit wem sollte er reden? Wenn er, bevor er den Menschen geschaffen hat, *sprach*, wie es heißt, dann dürfen wir wohl annehmen, dass *sprechen* hier als Metapher gemeint ist. Oder aber wir schließen daraus, dass auch die Sterne und mit ihnen alles, was es gibt, sprech- und hörbegabte, also verstehende Wesen sind – was der Vorstellung eines pantheistischen Universums nahekommt.

Im Anfang des Menschseins war der Name. Abermals darf bezweifelt werden, ob Gott sich der Tragweite seines Befehls an Adam, solche an die Tiere zu vergeben, bewusst war. Wusste er, dass sich aus den Namen die Sprache entwickeln würde? Folgen wir weiter den biblischen Geschichten, kommen wir bald zum Turmbau zu Babel. Die Stelle ist in der Genesis eine knappe halbe Seite lang, aber sie ist sehr inspirierend, unzählige Kunstwerke, bildnerische, literarische, musikalische, haben sich darauf bezogen. Dass der Bau am Ende in sich zusammenstürzt, überrascht nicht, schließlich ist er ja der steingewordene Ausdruck menschlicher Überheblichkeit. Interessant aber ist, dass Gott als Strafe die menschliche Sprache differenzierte. Von nun an versteht einer den anderen nicht mehr. Gott fürchtete die Macht der Sprache. Er hat wohl eingesehen, dass dieses Instrument nicht mehr seine Erfindung war. Wenn es nach ihm gegangen wäre, würden wir bis heute unseren Stimmapparat immer noch und ausschließlich dazu verwenden, um Namen zu sagen und Namen zu geben.

Aber ist es nicht genau so?

Was ist ein Name? – Ein Name ist ein Oxymoron aus nur einem Wort. Einerseits ist er konkret, wie ein Begriff nur konkret sein kann. Er meint nur *ein* Ding, *einen* Menschen, *ein* Tier. Der Name ist erfunden worden, um eines vom anderen präzise unterscheiden zu können. Mein Name soll nur mein Name sein und nichts von einem anderen enthalten. Konkreter geht es nicht. Andererseits fasst mein Name alles zusammen, was ich bin – dass ich blond bin, dass ich klein bin, dass ich jeden Morgen niesen muss, dass ich zum Schnarchen neige und so weiter. Alles ist zusammengepresst zu meinem Namen. Abstrakter geht es nicht.

Was aber, wenn ich den Begriff *Name* erweitere? Wenn ich sage: Der Name für die Fortbewegung mithilfe meiner Beine ist *gehen* – der Name für die gegenseitige Berührung von Lippen zweier Menschen ist *küssen* – der Name für das Hineinstecken des Zeigefinders in das menschliche Riechorgan ist *nasebohren*? Also was, wenn Namensgebung nichts weiter ist als ein Synonym für Definition? – 1. Mose, 1,5: »Da schied Gott das Licht von der Finsternis und nannte das Licht Tag und die Finsternis Nacht.« – Dann tun wir, wenn wir sprechen, tatsächlich nichts anderes als Namen zu vergeben. Denn jede Sprache besteht aus dem Austausch von Wörtern, deren Sinn und Bedeutung wir im Voraus definiert und worauf wir uns im Voraus geeinigt haben.

Worin aber besteht die Macht unserer Sprache, vor der sich Gott so sehr fürchtete, dass er sie zersplitterte?

In Genesis 11,5-9 heißt es: »Da fuhr der Herr hernieder, dass er sähe die Stadt und den Turm, die die Menschenkinder bauten. Und der Herr sprach: Siehe, es ist einerlei Volk und einerlei Sprache unter ihnen allen und dies ist der Anfang ihres Tuns; nun wird ihnen nichts mehr verwehrt werden können von allem, was sie sich vorgenommen haben zu tun. Wohlauf, lasst uns herniederfahren und dort ihre Sprache verwirren, dass keiner des andern Sprache verstehe! So zerstreute sie der Herr von dort über die ganze Erde, dass sie aufhören mussten, die Stadt zu bauen. Daher heißt ihr Name Babel, weil der Herr daselbst verwirrt hat aller Welt Sprache und sie von dort zerstreut hat über die ganze Erde.«

Der interessanteste Satz ist »… nun wird ihnen nichts mehr verwehrt werden können von allem, was sie sich vorgenommen haben zu tun«. – Was haben wir uns denn noch vorgenommen, wir Babylonier? Die Antwort ist klar: die Schrift. Die ersten schriftlichen Zeugnisse sind die zu Keilen geformten Zeichen aus Babylon. Wenn er das verhindern wollte, der Ewige, dann hat er es offenkundig nicht geschafft.

Das erste Wort, das ein Mensch ausspricht, sobald er sich seines Menschseins, und sei es in der primitivsten Form von Reflexion, bewusst ist, lautet: »Ich«. Dies ist fürwahr ein göttliches Wort, denn es bezeichnet nichts anderes als einen Einzigen – den Einzigen. Als Einziger bin ich souverän. Max Stirner bringt es in seinem Werk mit dem bezeichnenden Titel *Der Einzige und sein Eigentum* auf die Formel:

»Als könnte mündig sein, wer keine Macht hat!«

Mündig zu sein aber bedeutet, über sich selbst bestimmen zu können und bestimmen zu wollen. Wenn ich obendrein der Schrift kundig bin, dann kann ich mich anschicken, auch über andere zu bestimmen.

Ich und Schrift zusammengeführt ergibt: Unterschrift. Ausschließlich aus der Tatsache, dass einerseits das Ich, andererseits die Sprache und zum Dritten die Schrift in dieser jahrtausendealten mythischen Tradition miteinander verknüpft sind, ist es zu erklären, dass bis heute die Unterschrift eines Menschen solche Bedeutung hat, dass darauf ein ganzes juristisches System aufgebaut wird. Wenn ich unterschreibe, erkläre ich mich für verantwortlich. Wofür ich verantwortlich bin, darüber habe ich Macht. Worüber ich Macht habe, das gehört mir.

Odyssee

Die *Odyssee* ist Epos und bereits Roman. Alle Erzählungen des Abendlandes messen sich an diesem Buch, und unterhaltend und spannend ist es obendrein, und wenn man die Prosaübersetzung von Wolfgang Schadewaldt liest, auch gar keine so schwere Kost. Und wir lieben den Odysseus – mehr als den Achill.

Dabei hat Odysseus keine gute Nachrede. Zwar bemühte sich Homer, die Sympathiewerte seines Helden in dem vorausgehenden Epos *Ilias* wenigstens einigermaßen neutral zu halten – so hat er an dessen besonders böse Taten nicht erinnert –, aber er brauchte das auch nicht, die Zuhörer wussten Bescheid. Ich will drei Ereignisse erwähnen, auf die Homer gnädigerweise nicht eingeht:

Als die Fürsten Griechenlands aufgerufen werden, ihr Versprechen zu halten und Menelaos zu helfen, seine geraubte Frau Helena aus Troja zurückzuholen, will sich Odysseus drücken; er spielt den Verrückten, spannt Ochs und Esel vor den Pflug, sät Salz in den Sand am Strand. Palamedes durchschaut ihn. Später wird sich Odysseus grausam rächen, indem er eine Intrige spinnt, an deren Ende Palamedes wegen Hochverrat gesteinigt wird. – Auf der Fahrt nach Troja wird Philoktet von einer Schlange gebissen, die Wunde schmerzt und stinkt, der Held jammert, Odysseus lässt ihn auf einer Insel zurück; der

Schmerz dieses Mannes zersetze die Moral. – Am Ende des Krieges finden die Griechen in den Trümmern von Troja einen achtjährigen Knaben, Astyanax, es ist der Sohn des Hektor, des ehemaligen Generals der Trojaner. Das Kind ist halb verhungert, es hat Angst. Die Soldaten beschließen, sich um den Knaben zu kümmern. Odysseus aber sagt, er müsse getötet werden. Nach allem, was sie seiner Familie angetan hätten – Vater, Mutter, Großvater, Großmutter, alle seine Verwandten sind getötet worden –, wird ihm, wenn er erwachsen ist, nicht anderes übrigbleiben, als die Rache zu führen. Astyanax wird auf Befehl des Odysseus vom Turm in die Tiefe gestürzt.

Ja, Odysseus hatte den schlechtesten Ruf. – Die Frage ist: Warum wählt Homer ausgerechnet ihn zum Protagonisten seines zweiten Epos, der *Odyssee*? Der Dichter geht ein großes Risiko ein. Als Nebenfigur mag jemand wie Odysseus ja Farbe in eine Geschichte bringen; eine Hauptfigur muss man mögen, besser wäre lieben, aber wenigstens mögen muss man sie. Wie kann man diesen Mann mögen? Und das über 12 110 Verse.

Am Beginn des Epos ist die Irrfahrt des Odysseus an ihrem Ende angekommen. Was aber heißt hier Irrfahrt? Wir wissen, sie dauerte zehn Jahre. Allerdings: Sieben davon war er bei der schönen, sexuell reizvollen Kalypso; zwei Jahre bei Kirke. Das heißt – seien wir ehrlich: Die Irrfahrt hat gerade einmal ein Jahr gedauert.

Kalypso verspricht ihm, wenn er bei ihr bleibt, ewiges Leben bei ewiger Jugend und ewiger Manneskraft. Odysseus weiß nicht, ob er seine Frau Penelope je wiedersehen wird; er weiß nicht, ob sie ihn noch will; er weiß nicht, ob er sie noch will; er weiß nicht einmal, ob sie noch lebt. Aber er weiß, was nach dem Tod sein wird. Er war nämlich in der Unterwelt. Dort hat er Achill getroffen; der sagte, er wäre lieber der ärmste Knecht des ärmsten Bauern und würde das steinigste Feld pflügen, als der König der Schatten zu sein.

Dennoch verlässt Odysseus Kalypso, die er doch so sehr begehrt. Für die winzige Hoffnung, seine Frau Penelope wiederzusehen, verzichtet er auf das ewige Leben. Odysseus ist der treueste Gatte der ganzen Literatur, und das, obwohl er zugleich der untreueste ist. Mit diesem Charakter hat Homer ein ewiges Gleichnis geschaffen. Und: ein Vorbild für 2800 Jahre erzählende Literatur.

Über das Tragisch-Komische

Vielleicht hatte der amerikanische Literaturwissenschaftler Harold Bloom recht, als er sagte, Shakespeare habe das Menschliche erst erfunden. Ich neige dazu, ihm zu glauben. Weil ich dazu neige, der Begeisterung zu glauben; und das, obwohl es ihr eigen ist zu übertreiben – gerade deshalb.

Gab es das Tragisch-Komische vor Shakespeare? Fragen wir zunächst: Was ist das Tragisch-Komische?

In dem Film *The Gold Rush* aus dem Jahr 1925 sehen wir Charlie Chaplin in einer schäbigen Hütte im tief verschneiten Alaska zusammen mit einem anderen Goldsucher. Es ist kalt, und die beiden haben Hunger, wahrscheinlich werden sie nicht überleben, sie werden erfrieren oder verhungern. Sie teilen das Schicksal Tausender Glücksritter aus dieser Zeit. Charlie, in seiner Verzweiflung, kocht seinen Schuh, immerhin Leder, etwas von einem Tier. Er deckt sauber den Tisch, bindet sich eine Serviette um und beginnt zu essen. Dabei benimmt er sich, als wäre er in einem vornehmen Restaurant. Fachmännisch zerlegt er den Schuh, hebt ihn von der Sohle ab, als wäre das Leder ein Fischfilet. Er zupft die Nägel heraus, leckt die Reste ab, als wären die Nägel Hühnerbeinchen. Er rollt die Schnürsenkel um die Gabel wie Spaghetti. Der Hungertod steht ihm bevor, aber er verzichtet nicht auf Manieren. – Das ist tragisch und komisch in ein und demselben Akt.

In Shakespeares Tragödie vom König Lear begegnen uns gleich zwei tragisch-komische Szenen. Nachdem der König von seinen Töchtern Goneril und Regan verstoßen worden ist, irrt er zusammen mit seinem Hofnarren durch ein Unwetter über die Heide. Sturm. »Immer noch Sturm.« (Peter Handkes Stück bezieht seinen Titel von dieser Regieanweisung.) Schließlich finden sie eine Hütte, in die sie sich verkriechen können. Dort treffen sie auf einen Tom-Tom. So wurden die Verrückten genannt, die Irren, die nackt herumliefen und Unsinn redeten und in keine Gemeinschaft aufgenommen wurden, denen aber niemand etwas antun durfte. Dieser Tom-Tom ist Edgar, der Sohn von Gloster, einem Vertrauten von Lear, und er ist gar nicht verrückt. Edgar ist das Opfer einer Intrige, die sein Halbbruder Edmund gegen ihn gesponnen hat. Edmund hat seinen Vater glauben lassen, Edgar wolle ihn töten. Daraufhin hat Gloster seinen Sohn für vogelfrei erklärt; das heißt, jeder, der ihn trifft, darf ihn töten. Um am Leben zu bleiben, hat er sich Dreck ins Gesicht geschmiert und aus sich einen Tom-Tom gemacht. In der Hütte auf der Heide befinden sich also drei Narren: der Hofnarr, dessen Beruf es ist, Narr zu sein, Edgar, der sich, um zu überleben, zum Narren gemacht hat, und König Lear, der über den Schmerz, von seinen Töchtern verstoßen worden zu sein, den Verstand verliert. Wenn die drei sich unterhalten, wissen wir nicht, ob wir lachen oder weinen sollen. Wir tun beides.

An diese Szene schließt gleich die nächste tragisch-komische an. Gloster irrt ebenfalls über die Heide. Er ist blind. Regans Ehemann Cornwall hat ihm im Streit die Augen aus dem Kopf gerissen und ihn wie Lear ins Unwetter geschickt. Inzwischen weiß er, dass er seinem Sohn Edgar unrecht getan hat. Zu seinem körperlichen Schmerz kommt der seelische dazu. Edgar, der Tom-Tom, trifft den Vater auf der Heide. Das Mitleid zerreißt ihm das Herz. Er verstellt seine Stimme, tut, als wäre er ein Bauer, fragt, wohin der Alte denn wolle, ob er Hilfe brauche. Er wolle hinauf zu den Klippen, sagt Gloster, ob er ihn führen könne. Edgar weiß, was der Vater will. Er will sich ins Meer stürzen. Er nimmt den Arm des alten Mannes und führt ihn. Aber nicht auf die Klippe führt er ihn, sondern im Kreis. Ob es denn nicht längst schon aufwärts gehen müsse, fragt der blinde Mann. Es gehe doch aufwärts, sagt Edgar, ob er es denn nicht merke. Ja, wenn er das sage, merke er es, sagt Gloster. Ob man denn nicht längst schon die Möwen hören müsse. Aber man höre die Möwen doch, sagt Edgar. Ja, wenn er das sage, höre er die Möwen, sagt Gloster. Irgendwann bleibt Edgar stehen – mitten auf der flachen Heide –, sie seien angekommen, sagt er. Dann solle er zurücktreten, sagt Gloster. Er nimmt einen Sprung – es ist aber nur ein jämmerlicher Hopser, er fällt zu Boden, landet im Gras. Er meint, er sei gestorben, zerschmettert in den Klüften, im Jenseits angekommen. Edgar verstellt abermals seine Stimme, tut, als wäre er ein Fischer. So etwas habe er noch nie gesehen, sagt er, da falle einer von den Klippen und sei unversehrt. Er nimmt den Vater in die Arme, er gibt sich zu erkennen. Die beiden versöhnen sich. Später erfahren wir, Gloster ist in Liebe und Frieden gestorben.

Ich vermute, Charlie Chaplin hat sich intensiv mit dem Werk von Shakespeare auseinandergesetzt. Die Szene in der Goldgräberhütte erinnert an die drei Narren auf der Heide. Ob es vor Shakespeare eine vergleichbare Zusammenführung von Tragödie und Komödie gegeben hat? Ich weiß es nicht. Ich habe Ähnliches nicht gefunden. Das antike Satyrspiel, das den jeweils drei Tragödien folgte, ist eher derb, und wenn Komisches und Tragisches darin vorkommen, dann nebeneinander und nicht zu einer Szene verflochten. Wie kommt einer überhaupt auf die Idee, Lachen und Weinen aus einer Quelle schöpfen zu wollen? Ich habe mich gefragt, ob sich in meinem Leben jemals eine Situation ergeben hat, die tragisch und komisch zugleich war. Nein. Erst in der Erzählung habe ich, wenn es mir denn gelang, diese beiden Sehweisen auf die Welt in eins zusammengeführt.

Shakespeare hat das Menschliche erfunden. Er hat den Menschen erfunden.

Alle Literatur erfindet den Menschen. Ist das wahr? Ich glaube ja. Den Lear gibt es nur in der Literatur. Auch den Tom Sawyer gibt es nur in der Literatur. Auch die Anna Karenina. Es kann sein, dass wir jemanden treffen, der *wie* König Lear ist, *wie* Tom Sawyer, *wie* Anna Karenina – aber die Vorbilder waren zuerst, die Literatur war zuerst.

Aristoteles meinte, die Kunst ahme die Natur nach, die Tragödie und die Komödie seien dem Leben nachgebildet. Und wenn er unrecht hatte? Wenn es genau umgekehrt ist?

Der Zauberberg

»Ein einfacher junger Mensch reiste im Hochsommer von Hamburg, seiner Vaterstadt, nach Davos-Platz im Graubündischen. Er fuhr auf Besuch für drei Wochen.« – Es ist dies fürwahr ein unspektakulärer Romananfang, und es wurde dem Autor Eitelkeit vorgeworfen, er habe damit bloß zeigen wollen: Ich hab's nicht nötig. – Im Unterschied zu Tolstoi?

Mit dem Vorwurf der Eitelkeit und Arroganz war Thomas Mann oft konfrontiert. Weiters wurde ihm seine angebliche Gefühlskälte angekreidet und lange Zeit auch eine wackelige politische Entscheidungskraft. Und eine hochnäsige Altmodischkeit. Zur gleichen Zeit als *Der Zauberberg* erschien, wurde auch *Ulysses* von James Joyce verlegt. Wenn man die beiden Bücher miteinander vergleicht, könnte man meinen, sie stammen nicht nur aus verschiedenen Zeiten, sondern aus verschiedenen Welten. Thomas Mann wirkt altbacken gegen den Avantgardisten aus Dublin. Aber nur auf den ersten Blick ist das so. Bald drehte sich für mich das Urteil um. *Der Zauberberg* erschien mir als das wahrhaft revolutionäre Werk der Epoche; der Roman hat, im Unterschied zum *Ulysses*, nach hundert Jahren nicht an Kraft des Zugriffs auf Hirn und Herz verloren.

Ebenso wie der Plot des *Ulysses* ist auch die Handlung des *Zauberberg* in zwei Sätzen erzählt. Der zweite Satz ist die Fortsetzung des ersten, bereits zitierten Einleitungssatzes: … und bleibt dort über ein Jahr, wird selbst krank, nimmt Frühstück ein, Mittagessen, macht Mittagsschlaf, geht spazieren, diskutiert, isst zu Abend und legt sich ins Bett. Fertig. Alles andere auf diesen über 1000 Seiten ist feinstofflich, das heißt, es bringt keine Handlung voran, knüpft keine Konflikte.

Der Held, Hans Castorp, befindet sich in einem Ausnahmezustand an einem Ausnahmeort in einer Ausnahmezeit. Davos wird zur Kanzel, von wo aus der Leser auf Europa blickt, das sich in einer perversen Wollust zum Abgrund drängt. Aufklärung und Irrationalismus kämpfen um die Seele eines Kontinents. Stellvertretend für diese Seele steht der junge Castorp. Zwei Herren, beide externe Patienten des Sanatoriums, bemühen sich um ihn: der elegante, ein wenig heruntergekommene, freundliche, am Leben begeisterte Aufklärer Lodovico Settembrini und der schmallippige ehemalige Jesuitenzögling Leo Naphta, ein satanisch eloquenter Pessimist. Es ist auch ein Kampf zwischen Charme und Charisma, zwischen Libido und Todestrieb. Wie in einem Karnevalstanz tauchen noch andere Personen auf, alle gezeichnet von Erwartung – ja, »gezeichnet«, als wären die Hoffnungen Wunden und Narben.

Parallel zum *Zauberberg* schrieb Thomas Mann an seinem großen Essay *Betrachtungen eines Unpolitischen*. Es ist merkwürdig zu sehen, wie ein Schriftsteller in der Dichtung hellsichtig, in der Reflexion engbrüstig sein kann. Im Roman »erfühlt« er die Krankheit der Zeit wie kein anderer seiner Kollegen, im Essay bellt er an manchen Stellen die dumpfe Kriegsbegeisterung seiner Zeitgenossen nach. Bruder Heinrich war dem Thomas als politischer Analyst gewiss überlegen.

Tausend Seiten! – das ist nicht wenig, ich habe den Roman zweimal gelesen, und ich will ihn mir bald ein drittes Mal vornehmen. *Der Zauberberg* ist ein Zauberbuch, und als ich über der Hälfte war, sah ich mit bangem Herzen, wie die rechte Hälfte vor mir immer dünner wurde.

Philip Roth:
Amerikanisches Idyll

Kein Buch hat mich so erschüttert wie dieses. Ich wachte in der Nacht auf, und mir war, als hätte ich all das nicht in einem Buch gelesen, auch nicht geträumt, sondern erlebt, und die Brust war mir eng. Ich stand auf, trank einen Kaffee und machte mir klar: Ich bin ein anderer. Ich bin ein Mann unentwegter Sorge. Ein Mann auswegloser Sorge.

Erzählt wird die Geschichte des jüdischen Fabrikanten Seymour Levov, genannt »der Schwede«. Der Mann scheint ein Glückskind zu sein, er hat ein Vermögen geerbt, führt die Fabrik seines Vaters erfolgreich weiter, er liebt die Herstellung von feinen Damenhandschuhen aus Ziegenleder, er heiratet eine Schönheitskönigin – und wird Vater einer Tochter. Er kümmert sich hingebungsvoll um das Mädchen, und die ersten Jahre sind unbeschwert. In der Schule dann beginnt Merry zu stottern. Vater und Mutter bemühen sich, helfen, leiten sie an, ein Stottertagebuch zu schreiben, üben mit ihr. Als Merry sechzehn ist, bricht sie von zu Hause aus. Nie hat es Streit gegeben, keinen Grund gibt es, über Lieblosigkeit zu klagen, von keiner Seite. Die junge Frau schließt sich einer terroristischen Gruppe an, den militanten linksradikalen *Weathermen*, sie sprengt ein Gebäude in die Luft, es gibt Tote. Die Eltern hören lange nichts mehr von ihr. Dieses Schicksal zerstört ihr Leben.

Wir erfahren in diesem Buch viel über das Amerika der siebziger Jahre, über die Wahnvorstellungen dieser Zeit, die Spaltung einer Nation; aber die Politik ist nur der Hintergrund der Geschichte. Was interessiert mich Politik, wenn ich Angst um mein Kind habe! Martin Walser sagte einmal, unsere Kinder sind Geiseln in der Hand der Welt. Als ich *Amerikanisches Idyll* las, wusste ich, was er damit meinte. Philip Roth erzählt von einem Mann, einem Glückskind der Natur, einem ehedem bewunderten Sportler, der nun nur noch von der Sorge beherrscht wird. Wir alle wissen, was Sorge ist; wir wissen, dass sie unsere Seele leer bläst, dass sie keinen Raum lässt für etwas anderes. Es nimmt wunder, dass bis dahin noch kein Autor die Sorge als Thema in den Mittelpunkt eines Romans oder eines Dramas gestellt hat.

In keinem seiner Romane gibt Philip Roth der Versuchung nach, den Leser mit Gefühlen zu überwältigen. Das wäre nicht fair. Sentimentalität und Überschwang nehmen uns die Chance der eigenen Gefühlserforschung. Ich erkenne im »Schweden« nicht mich selbst, nein, das wäre fürwahr ein Gedusel. Der Roman führt mich hinunter, dort wartet auf mich die Sorge; und es ist *meine Sorge. Meine* Gefühle überwältigen mich. Ich, der Leser, habe während der Lektüre mir meine eigene Geschichte erzählt. Wenn ich in dieser Geschichte obendrein die Geschichte unserer Zeit wiederfinde, dann darf ich wissen: Ich habe einen großen Roman gelesen.

Für *American Pastoral* ist Philip Roth mit dem Pulitzer-Preis ausgezeichnet worden, für Amerikaner wichtiger als der Nobelpreis. Der Literaturwissenschaftler Harold Bloom – wieder nenne ich ihn – sagte, der Roman gehört neben *Gravity's Rain-*

bow von Thomas Pynchon und *Blood Meridian* von Cormac McCarthy zu den bedeutendsten amerikanischen Büchern aus der zweiten Hälfte des 20. Jahrhunderts.

Simply the Blues

Diese Musik ist ein Wunder. Aus einer unscheinbaren Wurzel wächst bei guter Behandlung ein Dschungel, ein Urwald, und wenn einer will, auch ein strenger botanischer Garten. Als ich fünfzehn war, hörte ich die Beatles im Radio, zum ersten Mal. Ich meinte, ich halte durch den ganzen Song hindurch die Luft an. Die erste Begegnung mit dieser Musik war für mich so außergewöhnlich, dass ich nach den zweieinhalb Minuten mein Leben neu plante. Bis dahin war für mich als Beruf die Schriftstellerei außer Zweifel, gewünscht, gehegt, gefördert von meinem Vater und meiner Mutter. Beide wollten in ihrer Jugend Schriftsteller und Schriftstellerin werden, mein Vater hat wenig vor seinem Tod wieder damit begonnen. Für Musik hatte meine Mutter nichts übrig. Mein Vater dagegen liebte die Musik, ein Instrument hatte er aber nie gelernt, selber Musik zu machen, daran hatte er nie gedacht.

Die erste Nummer, die ich von den Beatles hörte, war keine »Beatlesnummer«, nicht Lennon/McCartney waren auf der Single als Komponisten angegeben, sondern Chuck Berry. Der hatte den Song bereits 1957 aufgenommen, die Beatles hatten ihn 1964 gecovert. *Rock and Roll Music*. Ich war im Heim, ging aufs Gymnasium, lernte Gitarre, jeder Schüler im Heim sollte ein Instrument lernen, da kamen die Beatles und die Rolling Stones, und das Gitarrenspiel wurde verboten. Welch ein

Glück! Eigentlich hatte ich Trompete lernen und in der Blaskapelle des Heimes spielen wollen. Eine Trompete konnten sich meine Eltern nicht leisten, im Heim waren alle Trompeten bereits vergeben, ausleihen ging also auch nicht, da bekam ich zu Weihnachten eine Gitarre geschenkt. Das war vor dem Gitarrenverbot. Ich war enttäuscht. Dann die Beatles! Nun war die Gitarre alles.

Ich plagte mich mit der Gitarre, gerade drei Akkorde konnte ich, mein Lehrer sagte, das sei noch nicht einmal der Anfang, der war ein Klassiker, Stahlsaitengitarren verachtete er. Und dann hörte ich im Radio diesen Song, gesungen von John Lennon, er bestand aus genau den drei Akkorden, die ich – fast hätte ich gesagt: beherrschte. Ich sprach mit meinem Lehrer darüber, er hatte die Nummer auch schon im Radio gehört, er sagte, diese Musik sei so primitiv, es koste ihn Überwindung, überhaupt von Musik zu sprechen. Für diese Musik sei so gut wie gar nichts nötig. Einen besseren Werbespruch hätte er sich nicht ausdenken können. Eine Woche später löste die Heimleitung den Vertrag mit dem Lehrer. Gitarrespielen wurde verboten, auch klassische Gitarre – Gitarre ist Gitarre. Welch ein Glück! Ich übte heimlich. Einen kräftigeren Ansporn gibt es nicht.

Drei Akkorde! Und dieser Rhythmus! Und mitten im Stück ein Rhythmuswechsel, vom Beat zum Rumba. Und wieder zurück. Nach einem einzigen Nachmittag konnte ich *Rock and Roll Music* nachspielen. In meinen Ohren klang es wie die Beatles.

Als ich nicht mehr im Heim war, spielte ich in verschiedenen Bands. Die Beatles verehrte ich, ihre eigenen Songs aber waren mir zu kompliziert. Um *Yesterday* nachspielen zu können, so dass es halbwegs nach *Yesterday* klang, musste man einiges draufhaben. Schon um die Akkordfolge herauszuhören, war ein fein geschultes Ohr gefragt. Aber es gab ja den Blues. Den konnte man auf drei Akkorden spielen, aber auch auf zwei, sogar auf einem.

Ich machte mich kundig. Ich freundete mich mit Gitarristen an, die nicht in der Schule waren, sondern bereits eigenes Geld verdienten, sich ergo Schallplatten leisten konnten. Hohenems, meine Heimatstadt, war das *Rock 'n' Roll*-Zentrum in Vorarlberg. Meine neuen Freunde machten mich mit so wunderbaren Musikern wie Lightnin' Hopkins, John Lee Hooker, Muddy Waters, Howlin' Wolf, aber auch mit Billie Holiday und Bessie Smith bekannt, Jimmy Reed, Elmore James, Sonny Boy Williamson, Sonny Terry and Brownie McGhee, Big Bill Broonzy, Robert Johnson und … und … und.

Ich musste akzeptieren, dass für den Blues zwar drei Akkorde genügen, dass damit aber noch gar nichts geleistet ist. Das Artistische, das ich bei Rockgitarristen wie Alvin Lee, Eric Clapton oder Rory Gallagher bewunderte, die Geschwindigkeit, mit der die Finger über die Saiten rasten, nein, das war nicht das Entscheidende. Was aber dann? Es sei wie in der Liebe, sagte einer meiner Freunde. Manche Männer führen einen Zirkus auf, um eine Frau zu gewinnen, bei anderen genügt ein Blick – der aber muss »sitzen«.

Die Formel lautete: Blues, das ist Gefühl. Aber was heißt das? Ein Gitarrensolo wie jenes von Alvin Lee in dem Stück *I'm Going Home*, vorgetragen beim Festival in Woodstock, das kann man vielleicht lernen, mit viel Üben, viel Üben – aber was ist mit einem Blues wie *Mannish Boy* von Muddy Waters? Allein technisches Können auf der Gitarre bringt gar nichts. John Lee Hooker sagte einmal, den Blues muss einer in sich haben, und wenn er ihn in sich hat, dann hat er ihn, auch wenn er noch keinen einzigen Ton gesungen oder gespielt hat. Jungen Musikern befahl er – ja, er befahl –, sie sollen ihm einen einzigen Ton auf der Gitarre vorspielen. Es brauche nicht mehr als einen einzigen Ton, um festzustellen, ob einer den Blues hat oder nicht.

Das erleichterte mich. Einerseits. Man musste nicht sechs Stunden am Tag üben. Andererseits würden auch sechs Stunden nicht ausreichen, wenn ich den Blues nicht hätte.

Ich war vernarrt in den Blues. Und bin es noch immer. Es ist, wie wenn man eine Blume unter einem Vergrößerungsglas betrachtet: In einer simplen Blüte liegt eine ganze Welt. In *Mannish Boy* gibt es keinen Akkordwechsel. Das Stück ist ein Rezitativ, es hat keine Melodie. Ich habe es mir hunderte Male angehört: Muddy Waters Stimme, die E-Gitarre, die zu Beginn nur einen, dann nur zwei Töne spielt und schließlich die Band, die den Chicago-Blues in die wenigen Minuten hineinschiebt wie eine Lokomotive.

Beckett nicht vergessen!

Warten auf Godot habe ich sicher zehnmal gelesen, bevor ich das Stück auf der Bühne sah. Lange Dialogpassagen zwischen Vladimir und Estragon konnte ich auswendig hersagen. Vor vielen Jahren irgendwann zeigte das Fernsehen das Stück, Heinz Rühmann spielte den Estragon. Unser Sohn Lorenz war sechs Jahre alt, Monika und ich saßen mit ihm vor dem Fernseher, wir kamen gar nicht auf den Gedanken, das könnte ihn interessieren. Er war ein sehr lieber Bub, machte nie Aufruhr, wenn er ins Bett gehen sollte. Diesmal sagte er, ohne den Blick vom Bildschirm zu nehmen, er wolle das bitte sehen, er wolle es unbedingt sehen. Sein Gesichtchen war so verzaubert, dass wir – wieder – nicht auf den Gedanken kamen, ihm seinen Wunsch nicht zu erfüllen.

Lorenz war hingerissen von dem, was er sah und hörte. Wir betrachteten ihn, fast ehrfürchtig betrachteten wir ihn, wir sahen pures erstes Staunen. Monika und ich haben oft über diesen Fernsehabend gesprochen, auch mit Lorenz haben wir darüber gesprochen, noch als er längst ein erwachsener Mann war. Das Stück ist bedingungslos, ein Mensch muss nichts mehr wissen, als wie man atmet, um es zu verstehen. Aber das Wort »verstehen« trifft ja gar nicht zu. Es gibt nichts zu verstehen bei diesem Stück. Wollte ich pathetisch sein, würde ich sagen: *Warten auf Godot* ist das erste Theaterstück, nein, das erste Stück Literatur, das uns Menschen gegeben wurde, gleich nachdem wir aus den knetenden Händen Gottes entlassen wurden. Ja, ich wundere mich, dass sich Henrik Ibsen mit seinen Stücken, Molière, Ferdinand Raimund, Racine, Shakespeare, Sophokles, Euripides, Aischylos, dass diese Dichter sich zeitlich vor Samuel Beckett reihen.

Gestern habe ich mir *Warten auf Godot* wieder einmal vorgenommen, mit anfangs klammen Gefühlen: Wird es halten? Das kennen wir doch – in unserer Jugend hat uns ein Buch über alle Maßen gefallen, und dann, zwanzig Jahre später, lesen wir es wieder und fragen uns: Was war das damals? Was war mit mir los damals? In meiner Studentenzeit liebte ich zwei Bücher besonders, Jean-Paul Sartres *Das Spiel ist aus* und *Der Fremde* von Albert Camus; ersteres, so urteilte ich schon ein paar Jahre später, ist ein unseliger Kitsch; die Erzählung *Der Fremde* aber gefiel mir sogar noch besser, sie ist große Literatur, die bleibt. Und als ich gestern den *Godot* wiederlas, war ich am Ende wieder auf diese merkwürdige, beunruhigende Art glücklich, wie ich es vor so vielen Jahren gewesen war.

Ich rief meinen Sohn an. »Erinnerst du dich, als wir im Fernsehen *Warten auf Godot* gesehen haben mit Heinz Rühmann als Estragon?«, fragte ich.

Lorenz lachte. »Ich glaube, ich wäre nicht der, der ich bin«, sagte er.

Ich weiß nicht genau, was er damit meinte. Der Satz war so abschließend gesagt, dass ich nicht daran herumbasteln wollte. Und dann dachte ich, es könnte ein Satz von Beckett sein. Viele der Sätze von Samuel Beckett sind halbe Sätze, halb nicht in einem grammatikalischen Sinn gemeint, sondern in einem Sinn-Sinn. Ein Satz verlangt nach einem nächsten, aber der wird nicht ausgesprochen. Es ist, als suche der Satz in der Welt draußen nach seiner Ergänzung, seiner Vervollständigung. »Ich glaube, ich wäre nicht der, der ich bin …« Wenn was? Wenn er sich nicht mehr an unseren Fernsehabend vor dreißig Jahren erinnerte? Oder wenn er *Warten auf Godot* nie gesehen hätte, gar nicht kennte? Wollte ich pathetisch sein, würde ich sagen: Das Stück ist geschrieben worden, noch bevor die Schöpfung ganz ausgesprochen war. Es steht mit einem Bein noch im unaussprechlichen Drüben, mit dem anderen herüben in unserer Welt.

Schluss mit dem Pathos! – Die schönste Aufführung von *Warten auf Godot* habe ich in den achtziger Jahren in Dublin auf einer Studentenbühne gesehen. Der Regisseur hat das Stück als reine Oberfläche inszeniert. Kein deutscher Tiefsinn, keine Pseudo-Metaphysik. Pure Clownerie. Vladimir und Estragon waren wie Donald Duck und Charlie Chaplin, zwei tapfere Kerlchen, die sich gegen den Unfug zur Wehr setzen, den die Dinge – dazu zählt eigentlich alles – aufführen. Nicht sie sind Narren, sondern die Welt hält sie zum Narren. Das Publikum hat gebrüllt vor Lachen. Und ich auch.

Beckett ist komisch. Ja, es ist komisch, wenn drei Personen in mannshohen Urnen stecken und sich unterhalten – wie in dem Stück *Spiel* –, und es ist komisch, wenn es knapp vor Schluss in einer Regieanweisung heißt: »Spiel zu wiederholen.« Ja, es ist komisch, wenn Winnie, »eine etwa 50-jährige, gut erhaltene Blondine«, langsam im Sand versinkt und sich dabei mit ihrem Mann Willie unterhält, der irgendwo hinter dem Sandhügel sitzt, aber nichts sagt – wie in dem Stück *Glückliche Tage*. Ja, es ist komisch, wenn in dem Dreißigsekundenstück *Atem* nichts weiter geschieht als Einatmen und Ausatmen. Aber auch der Begriff des Komischen ist hier erst zur Hälfte ausgeschlüpft. Und das heißt, er weiß selbst noch nicht um seine Bedeutung. Nur wenig muss geschehen, und aus dem Komischen wird das Tragische.

Endspiel ist fürwahr das Endspiel. In diesem 1957 entstandenen Stück, das zum ersten Mal in London aufgeführt wurde, wird uns von der Entgleisung des Komischen erzählt. Entgleisung heißt zuvorderst, wir werden sinnlos – besser: sinnenlos. Hamm, der Tyrann, ist lahm und blind, er dirigiert seinen Ziehsohn Clov vom Rollstuhl aus, seine Eltern sind in Mülltonnen verstaut. Das ist also aus den lustigen Erwartungen geworden? *Endspiel* ist die Fortsetzung von *Warten auf Godot*, besser: die End-setzung. Ein Ende wird gesetzt. Und das Ende ist ähnlich dem Anfang: weder ganz komisch noch ganz tragisch, Komödie als Möglichkeit, Tragödie als Möglichkeit.

Zum zwanzigsten Geburtstag von Lorenz schenkte ihm Monika die gesammelten Werke von Samuel Beckett in der hübschen blauen Suhrkamp-Ausgabe. Gestern am Telefon sagte er mir, er lese immer wieder darin, auch in den Romanen *Molloy, Malone stirbt, Der Namenlose* oder in *Murphy*. Ganz besonders liebe er die kurzen Texte wie *Mehr Prügel als Flügel* oder *Erzählungen und Texte um Nichts*. Lorenz ist Maler. Er sagt, die Unfertigkeit dieser Texte empfinde er wie eine Aufforderung an ihn, sie zu Ende zu malen.

Das doppelte Lottchen

Wenn ein Buch auf einer Idee beruht, dann ist Vorsicht geboten – dies ist vor allem an den Autor gerichtet. Vorsicht deshalb, weil die Gefahr besteht, dass die Personen allein auf diese eine Idee ausgerichtet werden. Es gibt dafür genügend Beispiele, dort haben wir es mit Pappkameraden zu tun. So interessant eine Idee auch sein mag, wenn die Personen nicht aus Fleisch und Blut sind, wie man sagt, wenn sie nichts weiter sind als die Träger einer Idee, eines Themas, dann ist alles für die Katz, wie man sagt. *Das doppelte Lottchen* wird zwar aus einer Idee heraus erzählt, aber Erich Kästner ist eben ein großer Autor; er liebt seine Figuren und würde sie nie einer Idee opfern.

Die Idee ist: Was geschieht mit Kindern, wenn sich die Eltern scheiden lassen – und um den Konflikt noch zu verschärfen: Was, wenn die Kinder Zwillinge sind? Was, wenn das eine Kind zur Mutter, das andere zum Vater kommt. Und zuletzt: Was, wenn die Kinder nichts voneinander wissen?

Luise Palfy in Wien, Lotte Körner in München; die Luise eine Aufgeweckte, fast ein bisschen Vorlaute, die Lotte eine Stille, fast ein bisschen Grüblerische. Der Zufall – die Idee – will es, dass die beiden im Sommer dasselbe Ferienlager besuchen und einander dort kennenlernen. Nach anfänglichem Staunen, auch dem Staunen der anderen Kinder, weil sie einander so ähnlich sehen, befreunden sich die beiden. Wer den alten Schwarz-Weiß-Film gesehen hat, zu dem Erich Kästner – übrigens noch vor dem Roman – das Drehbuch schrieb und auch den Erzähler gibt, der wird sich an den Schauder erinnern, der ihn durchrieselt hat, als die beiden in dem Landgasthaus sitzen und erzählend allmählich draufkommen, wer sie sind. »Und wo bist du geboren?« »In Linz an der Donau.« »Ich auch. Und wann?« Es ist die Stelle im Buch, die mich am meisten berührt hat. Nun planen die beiden, ihre Eltern zusammenzubringen. Sie vertauschen sich. Luise geht nach München zur Mutter, die sie ja gar nicht kennt, Lotte nach Wien zum Vater, den sie nicht kennt. Zuvor lernt jede das Leben der anderen auswendig, um so gut wie möglich die andere zu spielen. Ganz gelingt es ihnen nicht. Der Vater, ein erfolgreicher Komponist, wundert sich, wie ernst sein »Luischen« über den Sommer geworden ist; die Mutter in München freut sich, dass ihr »Lottchen« so viel Fröhlichkeit und Leichtheit über den Sommer gewonnen hat. Ob es den beiden gelingt, ihre Eltern wieder zusammenzubringen?

Erich Kästner hat sich schon in seinen anderen Kinderbüchern – *Pünktchen und Anton, Emil und die Detektive, Das fliegende Klassenzimmer* – als ein Experte der kindlichen Seele ausgewiesen, ich will ihn den Dostojewski der Kinderseele nennen. Deshalb: Er unterscheidet nicht zwischen Erwachsenen und Kindern, es gibt kein Besserwissen einen knappen halben Meter über den Augen eines Kindes. Darum wäre es falsch, Kästners Kinderromane als »Kinderliteratur« abzutun, was ja immer etwas Abwertendes hat. *Das doppelte Lottchen* ist im goetheschen Sinn »Weltliteratur«.

Herz der Finsternis

Gleich vorweg: Joseph Conrad ist einer meiner Lieblingsautoren. Abgesehen von seiner literarischen Qualität, über die schwergewichtige Zeugen wie Thomas Mann und George Orwell Schwergewichtiges gesagt haben, sind seine Romane auch noch spannend. Ein Abenteuerroman, wie es nach *Robinson Crusoe* nur wenige gab, ist zum Beispiel *Der Freibeuter*. In *Der Geheimagent* führt uns der Autor in die Hölle des banalen Bösen, wo jede Empathie erloschen ist – und das sechzig Jahre bevor Hannah Arendt ihre Überlegungen über das Böse anstellte. Joseph Conrad hat erst spät zu schreiben begonnen, von Beruf war er Kapitän. Seine berühmteste Erzählung ist *Herz der Finsternis*.

In einer Rahmenerzählung berichtet der Kapitän Marlow von einer Expedition in Afrika. Er kommandierte ein Handelsschiff den Kongo-Fluss hinauf, wo der deutsche Elfenbeinhändler Kurtz, der für eine englische Kolonialgesellschaft tätig war, angeblich seinen Verstand verloren hat. Marlow hat den Auftrag, ihn nach Hause zu bringen. Die Geschichte spielt in der Zeit, als der Kongo im Besitz des belgischen Königs Leopold II. war. Dieses riesige Land gehörte nicht dem Staat Belgien, sondern dem König persönlich, wie mir der Laptop gehört, auf dem ich diese Sätze schreibe. Bevor die Truppen Leopolds das Land okkupierten, lebten dort rund zwanzig Millionen Menschen; als er nach zwanzig Jahren seinen Besitz an den belgischen Staat übertrug, lebten dort nur noch die Hälfte.

Aber *Herz der Finsternis* ist kein historischer Roman, er ist auch keine politische Anklage, wie sie in dieser Zeit Mark Twain und Arthur Conan Doyle gegen den Massenmörder geführt haben. Die politische Lage bildet den Hintergrund der Geschichte. Manche Interpreten sind der Meinung, der schmale Roman illustriert symbolisch die zur gleichen Zeit von Sigmund Freud entwickelte Psychoanalyse. Je weiter uns Marlow auf seinem Schiff flussaufwärts ins »Herz der Finsternis« mitnimmt, desto träger und schwerfälliger werden alle unsere Bewegungen, desto albtraumhafter unsere Gedanken. Figuren tauchen auf, die sind wie Gespenster – in einem Hain drängen sich lautlos sterbende Schwarze, über die von keinem der auf dem Schiff Anwesenden auch nur ein Wort verloren wird. Bin nur ich es, der diese Unglücklichen sieht? Ich habe für die Lektüre doppelt so lange gebraucht wie für ein vergleichbares Buch, und ich fühlte mich am Ende fiebrig. Am Ende trifft Marlow auf Kurtz. Der Händler ist todkrank, er hat im Urwald ein archaisches, grausames Reich aufgerichtet. Um die Handelsgesellschaft herum hat er einen Wall bauen lassen, auf den Pfeilern sind Menschenköpfe aufgespießt. Der Mann lebt in einem abgrundtief nihilistischen Albtraum. Er stirbt in Marlows Armen, seine letzten Worte: »The horror, the horror!«

Francis Ford Coppola hat die Novelle von Joseph Conrad 1979 unter dem Titel *Apocalypse now* verfilmt. In der Rolle des Kurtz sehen wir Marlon Brando. Coppola hat die Handlung in die frühen siebziger Jahre des letzten Jahrhunderts vorverlegt, anstatt im Kongo sind wir in Vietnam.

Über Hamlet nachdenken

Hamlet stirbt, sein treuer Freund Horatio will ihm in den Tod folgen und von demselben Gift trinken. Hamlet verbietet es ihm in seinem vorletzten Wort. Warum? In der Übersetzung von Frank Günther:

> Wenn du mich je in deinem Herzen trugst,
> Entsag noch vorerst der Glückseligkeit,
> Und in der harten Welt hol schmerzhaft Atem,
> Mein Leben zu erzählen.

Und schließlich:

> Der Rest ist Schweigen.

Kaum ein Stück Literatur, sei's Tragödie, Roman oder Gedicht, das so voll ist von Gedanken – »Worte, Worte, Worte«. Allein Hamlet spricht beinahe so viel, wie der gesamte *Macbeth* lang ist. Da kann man leicht etwas übersehen oder überhören oder überlesen, vor allem, wenn es so nebenhin gesagt ist und die Tränen in den Augen die Aufmerksamkeit trüben.

Horatio soll nicht sterben, er soll Hamlets Leben erzählen – wem? Uns. Da zucken wir zusammen. Das heißt doch: Alles was wir in den vorausgegangenen Stunden gesehen, gehört, was wir gelesen haben, waren die Erinnerungen von Horatio. Hamlets Geschichte wurde also parteiisch erzählt, von seinem innigsten Freund und Vertrauten. Und das heißt: Wir dürfen der Erzählung nur bedingt trauen. Eigentlich gar nicht. Da hat Shakespeare seinem Stück in den letzten Minuten einen Donnerschlag versetzt – einen heimtückisch leisen obendrein. Das ganze Stück müsste gleich nach seinem Ende noch einmal aufgeführt werden. Oder am nächsten Tag nachgelesen werden. Vieles erscheint in einem anderen Licht, wenn wir wissen: Das alles berichtet Horatio.

Hamlet ist – auch – ein Stück über das Gerücht. »Es ist etwas faul im Staate Dänemark.« Alle Fragen sind offen. Jede Antwort kann mit einer anderen pariert werden. Hamlet begegnet dem Geist seines toten Vaters? Wenn er der Einzige ist, der auf diesen Spuk trifft, sollte man dann nicht besser denken, der Prinz halluziniert? Er ist aber nicht der Einzige, der den toten König sieht. Wer noch? Horatio. Aha. Sagt wer? Horatio. Aha.

Claudius, der Onkel von Hamlet, inzwischen König von Dänemark, so erfahren wir, hat seinen Bruder ermordet, hat ihm, als er Mittagsschlaf hielt, Gift ins Ohr geträufelt. Warum? Es muss doch ein schwerer Grund vorliegen, immerhin Brudermord. Macht? Ist Claudius machtgierig? Hat er den König getötet, weil er selbst König werden wollte – wie Macbeth? Er erscheint uns eher machtmüde. »O schwere Last!«, ruft er aus. Bald nach dem Tod des Königs heiratet Gertrud, Hamlets Mutter, ihren Schwager. War es also ein Mord aus Leidenschaft? Nichts deutet darauf hin. Gertrud und Claudius wirken wie ein altes Ehepaar, eine *Amour fou* kann ich hier nicht erkennen. Der amerikanische Autor John Updike spinnt in seinem Roman *Gertrude und Claudius* eine Parallelgeschichte zu Shakespeares Tragödie. Die beiden, erzählt er, waren schon längst vor der Heirat mit Hamlets Vater ein Paar, die Verbindung zum König war eine politisch motivierte Ehe, jeder wusste es, aber niemand sprach darüber. Also noch einmal: Warum hat Claudius seinen Bruder getötet?

Was war Hamlets Vater für einer? Als er in der Nacht seinen Sohn auf den Zinnen der Burg trifft, spricht er von den Qualen, die er im Jenseits erdulden muss, »bis faule Frevel, die ich tat zur Lebzeit, verglüht und ausgebrannt sind«. Das schwächste Wort, diese Schauer zu beschreiben, würde dem Sohn bereits die Seele zerfressen, das Blut würde ihm gefrieren und die Augen würden ihm aus den Höhlen springen. Wir rechnen damit, dass auch im Jenseits ein akzeptables Verhältnis zwischen Untat und Strafe besteht, also müssen »die faulen Frevel zur Lebzeit« beträchtlich gewesen sein. Liegt hier die Antwort? Was hat der alte König angestellt, dass ihn dafür sein Bruder getötet hat? Vielleicht wusste es Horatio nicht. Vielleicht wusste er es aber doch. Hamlets letzter Satz – »The rest is silence« – wird meistens interpretiert als poetische Umschreibung für: Das Leben ist beendet. Martin Wieland übersetzt: »Es ist vorbey.« Vielleicht aber ist das Wort eine weitere Anweisung an Horatio: Über den Rest behalte Stillschweigen! Was aber ist dann der Rest?

Alles Spekulation. Gewiss. Nur: Was bleibt dem Zuschauer, dem Leser anderes bei diesem Stück Literatur, dessen heimlicher Protagonist das Gerücht ist? Obendrein, wenn die Erzählung subjektiv ist, parteiisch, beauftragt?

Die Figur des Hamlet war mir nie sympathisch, meine Bewunderung für das Stück dagegen ist grenzenlos. Was hat dieser Dichter da vor über vierhundert Jahren geschrieben, unergründlich bis heute! Wie viel Material, um die Conditio humana auszuloten, bietet dieses Stück! Der amerikanische Literaturwissenschaftler Harold Bloom nannte den Jesus aus dem Matthäusevangelium und Hamlet die beiden einzigen Charismatiker der Literatur. Für uns normale Menschen sind es unstete Wesen, die uns gleichermaßen anziehen und abstoßen, die wir gleichermaßen kritiklos verehren und hassen.

In der Hälfte des Stücks schickt Claudius Hamlet nach England – vorgeschobener Grund: Nachdem er Polonius erstochen hat, sei es besser, er verließe für einige Zeit das Land. Claudius gibt ihm als Begleitung die Freunde Rosenkranz und Güldenstern mit. Jedenfalls wären die beiden gern Hamlets Freunde, sie buhlen auf schon fast rührende Weise um seine Zuneigung. Er bestärkt sie einmal in ihrem Wunsch, im nächsten Augenblick stößt er sie vor den Kopf, eiskalt. Sie haben einen versiegelten Brief bei sich, den sollen sie gleich nach der Landung einem Vertrauten von Claudius übergeben. Auf dem Schiff entwendet Hamlet heimlich den Brief, liest darin, der Vertraute soll ihn töten. Er schreibt den Brief um: Rosenkranz und Güldenstern sollen getötet werden. Und das geschieht auch. Diese beiden naiven, treuen Männer sterben, weil sich Hamlet einen Jux daraus macht, mit einem alten Komödienmotiv, der vertauschte Brief, zu spielen. Sympathisch ist das nicht.

Als Hamlet von England zurückkehrt, trifft er seinen Jugendfreund Laertes. Der ist grundwütend auf ihn, er will ihn töten. Hamlet versteht nicht, warum. Gut, er hat Polonius, den Vater von Laertes, erstochen, gut, er hat Ophelia, die Schwester des Laertes, so mies behandelt, dass sie sich das Leben genommen hat. Reicht das denn nicht für den Zorn des Freundes? Hamlet versteht es nicht. Wie alle Charismatiker ist er ein Egomane – der hier ist ein monströser Egomane. Sympathisch ist das nicht.

Und dennoch: Wir kommen nicht los von ihm. Er zwingt uns, über ihn nachzudenken, immer wieder.

Der alte Mann und das Meer

Bevor diese Erzählung erschien, meinten nicht wenige Kritiker, Hemingway sei ausgeschrieben, er habe nichts Wesentliches mehr zu sagen. Im Jahr 1940 kam *Wem die Stunde schlägt* heraus, der Roman spielt im Spanischen Bürgerkrieg, danach, so die einhellige Meinung, ging's mit dem Autor bergab. Die Novelle *Über den Fluss und in die Wälder* wurde als selbstepigonal und drittklassig bezeichnet. Hemingway sei Opfer des Alkohols und seines eigenen Imponiergehabes geworden, hieß es, seine Zeit sei vorbei. Die Auflagen seiner Werke gingen drastisch zurück. Aber dann, im Frühjahr 1951, erschien *Der alte Mann und das Meer*, und diese schmale Erzählung wurde ein Riesenerfolg, ein Kritikererfolg, vor allem aber ein Publikumserfolg. Binnen kurzer Zeit verkaufte sich die Erzählung besser als alle anderen Bücher des Autors zusammen.

Wie erklärt sich dieser Erfolg?

Zunächst: *Der alte Mann und das Meer* ist eine der schönsten Novellen, die je geschrieben worden sind. Prächtig wär's, wenn sich die besten Bücher auch am besten verkauften. Qualität und Kasse kommen aber nur selten zusammen. Was hat die Menschen so sehr an dieser einfachen Erzählung von dem alten kubanischen Fischer Santiago fasziniert? Der Mann fährt nachts allein mit seinem Boot aufs Meer, er fängt einen Riesenfisch, kann ihn aber nicht bergen und muss hilflos zusehen, wie ihn die Haie fressen, mit dem bloßen Gerippe kehrt er an Land zurück. Das ist die Story, eine Geschichte des Scheiterns – des Scheiterns eines alten Mannes, der vor langer Zeit ein großer Mann gewesen war, ein Fischer mit Glück und Erfolg. Natürlich, die Geschichte ist als Parabel gelesen worden: Auch wenn du geschlagen wirst, besiegt bist du erst, wenn du liegen bleibst. Das hört man immer gern. Aber man hört diesen Satz viel zu oft, als dass er jedes Mal von Neuem das Adrenalin in die Adern jagen könnte.

Zur gleichen Zeit als die Novelle erschien, wurde General Douglas MacArthur von Präsident Truman entlassen. Dieser Akt löste in den USA einen Schock aus. MacArthur war während des Zweiten Weltkriegs der Oberbefehlshaber der amerikanischen Truppen im Südpazifik gewesen. Er war der große Held dieses Krieges, der große Sieger. Als 1950, fünf Jahre später, nordkoreanische Truppen Südkorea überfielen, wurde ihm das Kommando der UNO-Truppen übertragen, die auf der Seite Südkoreas eingriffen. MacArthur war klar, dass dies ein Stellvertreterkrieg war, dass es eigentlich um den Interessenkonflikt zwischen dem kommunistischen China und den USA ging. Er verurteilte die weiche diplomatische Politik Trumans, angeblich soll er darauf gedrängt haben, China direkt anzugreifen. Es kam zum Zerwürfnis mit Truman, der Präsident enthob den General all seiner Kommandos. Das war mehr als ungewöhnlich. Die zuständigen Behörden, die die Umstände später untersuchten, kamen zu dem Schluss, dass »die Entlassung General MacArthurs zwar in der verfassungsrechtlichen Zuständigkeit des Präsidenten lag, die Umstände aber ein Schlag für den Nationalstolz waren«.

In der Figur des gescheiterten Fischers Santiago aus der No-velle *Der alte Mann und das Meer* sahen die Amerikaner ein symbolisches Abbild ihres großen Kriegshelden, der am Ende seines Lebens erniedrigt, abgekanzelt, abgeschoben und der Häme preisgegeben wurde. Dass dieses kleine Buch über Ame-rika hinaus ein Welterfolg wurde und dem Autor schließlich den Nobelpreis für Literatur einbrachte, ist mit dem politisch historischen Hintergrund allerdings nicht ausreichend erklärt. Wie bei aller großen Literatur: Sie trifft das Besondere und das Allgemeine, diesen einzigen Menschen und die Menschheit.

Herman Melville:
Billy Budd

Diese Erzählung ist einfach, rein, schön, klar und dennoch rätselhaft. Sie ist das literarische Spiegelbild ihres Helden. Über ihn ließe sich alles sagen oder nichts. Er ist der aus der Schöpfung entlassene Mensch, der Mensch ohne Voraussetzung – ein Findelkind, ein Analphabet. Der reine Tor, der das Böse in der Welt nicht kennt, weil er vom Baum der Erkenntnis nicht gegessen hat.

Der Matrose Billy Budd wird auf ein englisches Kriegsschiff »gepresst«, das heißt, er wird zwangsrekrutiert. Im Unterschied zu den anderen Gepressten scheint ihm das aber nichts auszumachen. Er hat keine Angehörigen, und alle Menschen sind seine Freunde. Er ist der »schöne Matrose«. Wo er auftaucht, hebt sich die Stimmung. Kapitän Vere, ein Menschenkenner, hat sich aus ebendiesem Grund Billy auf sein Schiff geholt: Er will eine gute Stimmung an Bord. Wir schreiben das Jahr 1797, England befindet sich im Krieg gegen Napoleon. Missmut kann sich rasch in eine Meuterei drehen. Es hat Beispiele gegeben. Gute Stimmung ist mehr als gute Stimmung, sie kann kriegsentscheidend sein.

Und da ist der Bootsmann John Claggart. Ein Stiller, ein »tiefes Wasser«, wie man sagt. Tadellos in der Ausführung seiner Pflicht. Ein Mann ohne Freunde, ein Mann ohne Freude.

Das Gegenstück zu Billy Budd. Der Anblick von Schönheit und Reinheit ist ihm unerträglich. Er ist der aus dem Anblick des Schönen Verstoßene. Billy glaubt, der Mann sei ihm gewogen, er kann Hinterhältigkeit und Hass nicht erkennen, weil er selbst nichts davon in sich trägt.

In allen Werken des amerikanischen Schriftstellers Herman Melville (1819–1891) trifft das Böse auf das Gute, die Unschuld auf die Erfahrung, das Reine auf das Verdorbene. *Moby-Dick* erzählt von dem Kampf zwischen dem weißen Wal und Kapitän Ahab, einem Kampf zwischen archaisch mythischen Giganten, dem Erzengel Michael und dem Leviathan aus dem Buch Hiob, wobei die Geschichte nicht entscheidet, wer welcher ist. In der charmant absurden Erzählung *Bartleby, der Schreiber* stellt sich der Held gegen die zivilisatorischen Anforderungen des Tages, er stellt sich gegen sie, kämpft aber nicht gegen sie. Wir erkennen in diesem kleinen Werk Franz Kafka und Charlie Chaplin als Nachfahren. Melville bringt es auf den Punkt – große Literatur umspielt immer nur zwei Themen: Liebe und Tod, und das heißt im Fall unserer Novelle: Schönheit und Hass.

Claggart inszeniert eine Intrige. Billy treffe sich nachts an Bord mit anderen Gepressten, eine Meuterei werde geplant. Das Gerücht dringt zu Kapitän Vere, der ruft Billy zu sich und stellt ihn Claggart gegenüber. Der bezichtigt ihn des Verrats. Billy weiß sich nicht zu wehren, nicht mit Worten. Wenn er sehr aufgeregt ist, stottert er. Der Vorwurf ist für ihn so ungeheuerlich, dass er ihm nur mit Gewalt entgegentreten kann. Er schlägt Claggart nieder. Billy ist stark, er hat einen harten Schlag. Claggart kommt nicht mehr zu sich, er ist tot.

Ein Matrose hat auf einem Kriegsschiff einen Offizier erschlagen. In Anwesenheit des Kapitäns. Kapitän Vere weiß, dass Billy unschuldig ist. Er sagt selbst, hier hat ein Teufel einen Engel vernichtet. Aber der Engel hat den Teufel erschlagen. Das Kriegsrecht ist eindeutig. Die Offiziere halten Gericht. Sie kannten Claggart, sie kennen Billy. Sie sind von der Unschuld des Matrosen überzeugt. Aber es bleibt ihnen nichts anderes, als Billy zu verurteilen. Er wird gehängt.

Einer sagte einmal, alle große amerikanische Literatur sei in ihrem Kern religiös. Auf die Werke von Herman Melville trifft dies zu. Die Bibel ist die Quelle für seine Romane und Erzählungen. Aus den Gleichnissen und Geschichten dieses Buches hat er die Bilder und Gleichnisse seiner Zeit geschaffen – so einprägsam, dass wir in ihnen noch heute die Konturen des ewig Menschlichen erkennen.

Georges Simenon:
Die Verlobung des Monsieur Hire

Es regnet. Oft regnet es in den Romanen von Georges Simenon. Und oft regnet es bis zur letzten Seite. Man möchte den Protagonisten zurufen: Geht nach Hause ins Warme, ihr werdet euch erkälten! Nichts Grünes draußen, nur Asphalt. Im Zimmer des einsamen Monsieur Hire ist es nicht weniger klamm als draußen, wo sich der Polizist in Zivil vor dem Haus herumdrückt, um zu beobachten, was Monsieur Hire tut und was er lässt, wann er kommt, wann er geht, wie er sich verhält. Ein Mord ist nämlich geschehen. Eine Prostituierte wurde am Rand der Vorstadt gefunden. Die Concierge gibt an, sie habe in ebendieser Nacht zu ebendieser Zeit Monsieur Hire nach Hause kommen sehen. Und er sei eigenartig gewesen.

Monsieur Hire ist ein Eigenartiger. So allein. Ein unsympathischer Sonderling. Er hat niemanden. Niemanden, der für ihn sprechen könnte. Er bewohnt eine winzige Kammer in einem der oberen Stockwerke. Durch das Fensterchen kann er über den engen Hof in das Zimmer von Alice blicken, und er beobachtet sie. Er ist ein Voyeur. Das auch noch. Und außerdem ist er amtsbekannt, ein heimlicher Vertreiber pornografischer Schriften und Bilder. Obendrein ein Jude. Ein Mörder ist er aber nicht. Monsieur Hire weiß, wer der Mörder an der Prostituierten ist: Emile, der Freund von Alice.

Alice arbeitet in einer Molkerei als Dienstmädchen. Sie scheint an Monsieur Hire interessiert zu sein. Sie besucht ihn sogar in seinem Zimmerchen. Er meint, sie wolle seine Hilfe. Gegen Emile. Weil sie sich vor ihm fürchtet. Schon lange ist Monsieur Hire in Alice verliebt. Er besitzt ein bescheidenes Vermögen in Form von Anleihen. Er will zusammen mit Alice in die Schweiz verschwinden und dort mit ihr ein glückliches bürgerliches Leben führen. Und er will dafür sorgen, dass Emile eingesperrt wird. Damit Alice endlich frei ist.

Monsieur Hire versteht die Welt nicht, weil er die Menschen nicht versteht. Er deutet alles falsch. Er meint, er könne die Polizei abschütteln, er meint, er könne einen niederträchtigen Schurken wie Emile austricksen. Er weiß nicht, dass er Feinde hat, weil er allem und jedem misstraut. Nur Alice misstraut er nicht. Aber Alice liebt ihn nicht. Wer liebt schon einen wie Monsieur Hire? Sie ist Emile, dem Niederträchtigen, verfallen. Alle halten Monsieur Hire für den Mörder, und Alice hilft mit, dass aus dem Verdacht Gewissheit wird. Die Hetze beginnt. Monsieur Hire hat keine Chance. Er wird gejagt und weiß nicht, warum. Und er wird erlegt.

So viel bleibt im Ungefähren in dieser Geschichte. Man kennt sich nicht wirklich aus. Wie im wirklichen Leben. Es gibt keine Figur in dem Roman, mit der man sich identifizieren möchte. Spannend ist die Story nicht. Man weiß ja alles. Und man ahnt von Anfang an, wie es ausgehen wird. Und doch kommen wir nicht los. Dieses Buch zwingt uns. Das liegt an der Atmosphäre.

Die Leser von Georges Simenon neigen zur Sucht. Dieser Autor, der so wenig Wert auf Stil, auf kunstvollen Wortschatz, auf jeglichen Beweis seines Könnens legte, ist gleichauf mit den Größten, wenn es um Atmosphäre geht, nicht selten ist er einem Dostojewski, einem Joseph Conrad, einer Emily Brontë überlegen. Atmosphäre – ohne sie ist ein Roman nichts, gar nichts! Ich lese die Geschichte über den einsamen, unnahbaren Monsieur Hire, und ich frage mich: Wie macht er das, der Simenon? Ich sitze im warmen Zimmer und fröstele. Diese schlichten Beschreibungen, bei denen nicht einmal – wie bei Hemingway – ein Wille zur Schlichtheit bemerkbar ist, sie verwandeln meine Umgebung, machen aus dem warmen, bequemen Arbeitszimmer eine enge, klamme Kammer. Das ist doch die wahre Meisterschaft: dass es einem Autor gelingt, eine Welt zu erschaffen und mich, den Leser, aus meiner Welt in seine zu locken. Diese Meisterschaft hat der belgische Schriftsteller Georges Simenon in fast zweihundert Romanen und tausend Kurzgeschichten bewiesen.

Eudaimonia

»Eudaimonia« meint den Zustand, wenn sich der Mensch im Einklang mit einem guten Dämon befindet – wir sagen heute lieber, mit einem guten Geist, den Begriff »Dämon« verwenden wir nur noch negativ, eben für einen Geist, der es *nicht* gut mit uns meint.

In der Antike war Eudaimonia der höchste im Leben zu erreichende Zustand: das Glück. Dass es über das Glück hinaus nichts Höheres zu wünschen gibt, darüber waren und sind sich wohl alle Menschen zu allen Zeiten einig, und daran wird sich nichts ändern. Auf die Frage, wie dieses Glück aussehen soll, worin es besteht und auf welchen Wegen es erreicht werden kann, gibt es so viele Antworten, wie es Menschen gibt, je gab und je geben wird. Dennoch haben Philosophen, Theologen, Psychologen, Anthropologen immer wieder versucht, den Begriff Glück zu objektivieren. Das heißt, sie haben nach den Bedingungen gefragt, die gegeben sein müssen, damit wir – so oder so – glücklich sind.

Schon in der Antike veränderte sich die Vorstellung vom Glück und von seinen Bedingungen grundlegend. Während Eudaimonia bei Homer gar nicht vorkommt, macht sich sein Zeitgenosse Hesiod bereits Gedanken darüber. Hesiod berichtet in seiner *Theogonie* vom Aufbau des Götterhimmels, in seinem Lehrgedicht *Tage und Werke* aber schildert er das tägliche

Leben der Menschen, weitgehend frei vom Einfluss der Götter. In den beiden Werken werden Menschenwelt und Götterwelt als voneinander getrennte Sphären dargestellt. Die Götter haben Glück nicht nötig, die Menschen schon.

In der *Ilias* und in der *Odyssee* erzählt Homer vom Krieg in Troja und von der Heimkehr des Helden Odysseus. Hier sind die beiden Sphären nicht getrennt, sondern unentrinnbar miteinander verflochten. Das Schicksal, *Ate*, lenkt die Taten der Menschen *und* der Götter. Diesen Daimon beurteilt Homer ähnlich wie wir, nämlich negativ: Er bringt Unglück, Verwirrung, Verheerung. Der Mensch ist glücklich zu preisen, der nicht in das Blickfeld dieses Daimon gerät – er ist nicht der Eudaimon, der gute Geist, sondern der Kakodaimon, der böse Geist.

Mit einer Definition von Glück als *Nicht-Unglück* können wir uns allerdings nicht zufriedengeben. Und auch der antike Mensch konnte sich damit nicht zufriedengeben. Zweieinhalb Jahrhunderte nach Homer und Hesiod stellte der Philosoph Heraklit die These auf, der Daimon des Menschen sei sein Ethos. Damit war das Schicksal des Menschen, die Entscheidung über Glück und Unglück, nicht mehr von den Göttern abhängig – sondern vom Menschen selbst. Der Mensch selbst ist verantwortlich für sein Glück oder sein Unglück. Das und nichts anderes meint Heraklit mit *Ethos*.

Was aber macht glücklich, was unglücklich? Der ebenfalls den Vorsokratikern zugerechnete Philosoph Demokrit warnt, Eudaimonia sei nicht über Besitz und Macht zu erreichen, also nicht durch Bedingungen von außen, sondern liege allein in der Seele jedes einzelnen Menschen. Er allein müsse entscheiden, was gut ist und was nicht. Wenn er sein Leben gut gestalte, dann könne er sich als einen glücklichen Menschen preisen. Das bedeutet in der Entwicklung der Glückserkenntnis gegenüber Homer eine Revolution. Es ist ein großer Schritt hin zur Emanzipation des Menschen.

Der nur wenig jüngere Platon dagegen hebt das Glück wieder aus seiner Erdenbedingtheit heraus, indem er die Idee des Guten vorstellt, die im metaphysischen Raum über dem Menschen schwebt, nicht unähnlich den homerischen Göttern, nur abstrakt und unpersönlich, als pure Idee, die der Mensch nicht nach seiner Maßgabe formt, sondern der er zu folgen hat.

Im 18. Jahrhundert riet Immanuel Kant dazu, jederzeit und in jeder nur denkbaren Situation die Pflicht zu erfüllen, die er aus seinem kategorischen Imperativ ableitete, wonach jeder Mensch stets so handeln solle, dass daraus ein allgemein gültiges Gesetz abgeleitet werden könne. Nur solche Pflichterfüllung garantiere ein glückliches Leben, denn es wurzle in der Vernunft.

Eine der höchsten Pflichten sei, die Wahrheit zu sagen. In dem kleinen Aufsatz *Über ein vermeintes Recht aus Menschenliebe zu lügen* führt Kant seine Forderung nach Wahrheit auf die Spitze. Angenommen, der Mörder klopft an deine Tür und fragt, ob dein Freund hier sei, dann darfst du, auch wenn du weißt, dass es deinen Freund das Leben kosten könnte, nicht lügen. Denn was immer auch geschehen wird, du hast deine Pflicht getan und kannst nicht zur Rechenschaft gezogen werden. Angenommen, du lügst und sagst, nein, der Freund ist nicht bei mir, und weiter angenommen, der Freund hat inzwischen dein Haus heimlich verlassen, und weiter angenommen, der Mörder trifft ihn auf der Straße und tötet ihn, dann bist du schuld, insofern der Tod deines Freundes auch eine Folge deiner Lüge, also deiner Pflichtvergessenheit ist.

Wieder wird Eudaimonia aus dem Herzen des einzelnen Menschen genommen und in eine, wenn schon nicht göttliche, so doch gottähnliche Sphäre gehoben – hier nicht in die Sphäre der reinen Ideen wie bei Plato, sondern in die Sphäre der reinen Vernunft.

Wohl am nächsten von allen Philosophen steht uns Epikur. Er ist 340 vor Christus geboren. Seine Gedanken zum guten Leben sind schlicht und immer neu: Lust suchen, Unlust vermeiden – darauf lässt sich sein Rat reduzieren.

»Er meint, man spüre dies, wie man fühle, dass das Feuer wärmt, der Schnee kalt und der Honig süß ist«, kommentiert Cicero.

Epikur wird bis heute gelobt und gerügt als Philosoph des Hedonismus. Er predige Zügellosigkeit und Willkür, wurde ihm vorgeworfen. Zu Unrecht. Wer glaubt, aus seiner Philosophie eine Aufforderung zu einer lebenslangen Party ableiten zu können, irrt. In der maßlosen Begierde sah er eine Quelle des Unglücks, nicht weniger gefährlich als Angst und Schrecken. Nicht zu Immer-mehr riet er, sondern zu Maßhalten und Bescheidung.

Der größte Feind eines lustvollen Lebens ist der Tod. Er kann nicht besiegt werden. Sich darüber den Kopf zu zerbrechen ist unsinnig. Einem Freund schreibt Epikur: »Gewöhne dich daran, zu glauben, dass der Tod keine Bedeutung für uns hat. Denn alles, was gut, und alles, was schlecht ist, ist Sache der Wahrnehmung. Der Verlust der Wahrnehmung aber ist der Tod. Das schauerlichste aller Übel, der Tod, hat also keine Bedeutung für uns; denn solange wir da sind, ist der Tod nicht da, wenn aber der Tod da ist, dann sind wir nicht da.«

Was wir nicht ändern können, darüber sollen wir uns keine Gedanken machen; solche Gedanken bringen nur Unglück. Und Unglück ist unter allen Umständen zu vermeiden. Und wenn ich lügen muss, um Unglück zu vermeiden, dann soll ich lügen. Wir sagen: Epikur spricht sich für Verdrängung aus. – Und wenn? Wenn Eudaimonia nicht anders zu haben ist? Vielleicht sind manche Wahrheiten dem Menschen nicht zumutbar.

Michael Kohlhaas

»Sobald der Hügel geworfen, das Kreuz darauf gepflanzt, und die Gäste, die die Leiche bestattet hatten, entlassen waren, warf er sich noch einmal vor ihrem, nun verödeten Bette nieder, und übernahm sodann das Geschäft der Rache.«

Das ist Kleist! Am Beginn des Satzes herrscht noch liebliches, melancholisches Abendrot, an seinem Ende bricht das entsetzliche Wetter über das Leben herein. Dem Pferdehändler Michael Kohlhaas ist Unrecht geschehen. Weil er nicht alle Papiere beieinanderhatte, um seine Ware von Brandenburg nach Sachsen zu überstellen – in diesem zerstückelten politischen Flickenteppich, der noch lange nicht Deutschland hieß, hier ein Herzogtum, dort das nächste, dazwischen Grenzen und Schikanen –, war er gezwungen, die Tiere beim Junker Wenzel von Tronka unterzustellen. Dafür bezahlte er. Damit die Tiere gut behandelt und gefüttert würden. Und was bekam er zurück? Abgemagerte, halb zu Tode geschundene Mähren. Er verlangt Wiedergutmachung. Nichts weiter. Nur was ihm zusteht, fordert er. Er reicht Klage ein. Aber er bekommt nichts außer Spott. Seine Frau weiß um seine Sturheit, seinen Zorn. Sie versucht, sich für ihren Mann einzusetzen. Dabei gerät sie in einen Tumult und wird zu Tode gestoßen. Jetzt hält den Kohlhaas nichts mehr.

In dem eingangs zitierten Satz beschreibt Heinrich von

Kleist die Wandlung von einem in seiner Ehre und seinem Recht gekränkten Mann zum Terroristen. Kohlhaas schart Gleichgesinnte und Abenteurer, Entwurzelte und Kriminelle um sich. Er erklärt der Gesellschaft den Krieg. Er brandschatzt und mordet. Er will Gerechtigkeit und verübt Unrecht.

Die Geschichte ist verbürgt. Kleist hat den Namen nur wenig verändert, das historische Vorbild hieß Hans Kohlhase, sein Feldzug gegen die Obrigkeit fand im ersten Drittel des 16. Jahrhunderts statt. Im Frühjahr 1540 wurde er in Berlin hingerichtet. In Kleists Novelle setzt sich Martin Luther für den Rosshändler ein. Nicht dass er begnadigt werde, fordert er, sondern dass sein Anliegen in einem gerechten Prozess Behandlung finde. In einem ersten Verfahren wird dem Kohlhaas schließlich recht gegeben, er bekommt neue Pferde. Im zweiten wird er wegen seiner Verbrechen verurteilt und wie sein historisches Vorbild hingerichtet.

Man kann nicht anders, als diese Geschichte bebenden Herzens in einem Zug zu lesen. Das liegt sicher am Plot, vor allem aber an Kleists Sprache. Noch heute, mehr als zweihundert Jahre nach dem Erscheinen der Novelle, packt uns der erzählerische Sturm, und wir ahnen, warum Goethe diesen Konkurrenten nicht mochte, ihn als krank bezeichnete und nur mit Abscheu von ihm sprach. Kleists Stil war so radikal neu, dass Goethe durch ihn alles in Frage gestellt sah, was er in seinem Leben an ästhetischen Gewissheiten gewonnen zu haben glaubte. Die kalte, manchmal beinahe bürokratisch umständliche Rede- und Schreibweise erinnert an juristische Texte, kein Wunder, dass der Jurist Franz Kafka den Kleist bewunderte, besonders die Novelle über den Mann, dem Unrecht geschehen war und der sich dafür an der ganzen Welt rächen wollte.

Warum lesen wir Erzählungen und Romane, warum schauen wir uns Dramen im Theater und im Fernsehen an? Doch nur, um über uns etwas zu erfahren. Wie sind wir? Was treibt uns? Welche Wege zum Glück kennen wir? Die großen Dichter zeigen Wahrheiten über uns, die wir vorher nicht kannten. Shakespeare hat den Menschen neu definiert, Dostojewski leuchtete Tiefen in unserer Seele aus, die wir nicht für möglich gehalten hatten. Zu diesen Großen gehört auch Heinrich von Kleist. Wer einem Menschen die Wertschätzung verwehrt, der riskiert viel: Die Kränkung ist ein ungeheurer Sprengstoff. Seit *Michael Kohlhaas* wissen wir das.

Über das Böse lachen

Wir lachen unter und leiden über unserem Niveau.

Lachen erniedrigt uns oft, Leid aber erhöht uns immer. Warum eigentlich? Und geht es nur uns so, uns Abendländern? Wie wird das Lachen in anderen Kulturen gewichtet? Wie das Leid? Kultur heißt eine Betrachtungsweise schaffen. Komödie sei Tragödie plus Zeit, sagt Woody Allen. Mit genügend zeitlichem Abstand können wir über alles lachen, sogar über das Leid, vielleicht sogar vor allem über das Leid. Wenn uns die Legende berichtet, der heilige Laurentius habe, als ihn die Feinde des Christentums auf den glühenden Grill gelegt haben, nach ein paar Minuten gesagt, man könne ihn umdrehen, die eine Seite sei durchgebraten, dann lachen wir; und während wir lachen, sind wir ohne Erbarmen, ohne Mitleid. – Dürfen wir dennoch mit gutem Gewissen das Lachen als etwas Gutes nicht nur akzeptieren, sondern sogar begrüßen? Oder sollte man das Lachen, wie es manche religiösen Fanatiker fordern, verbieten?

Viele Symbole hat unser Abendland aufgestellt wie Standarten, um uns die Analyse der Verhältnisse dort zu ersparen, wo uns die Analyse in einen hermeneutischen Zirkel führt, in dem wir uns drehen wie ein gefopptes Nagetier. Das Symbol über allen abendländischen Symbolen aber ist das Kreuz. Durch die beiden Gitterstäbe des Kreuzes betrachten wir die

Welt bis heute; ob uns das bewusst ist oder nicht; ob wir glauben, dass uns das Christentum nichts angeht, oder ob uns das Bildnis des Schmerzensmannes berührt, wie es die Menschen über zweitausend Jahre berührt hat.

Der Gott des Abendlandes ist ein Gefolterter, ein Leidender; daraus ergibt sich zwingend, dass Leid uns erhöht. Kultur ist eine Betrachtungsweise der Welt – wir betrachten seit zweitausend Jahren die Welt unter dem Aspekt des Leidens. Schopenhauer war der Meinung, Erkenntnis setze die Fähigkeit, mitzuleiden, voraus. Ohne Mitleid sind wir in uns versponnen, sind wir tatsächlich Monaden, sind wir nicht überlebensfähig, weil wir Mängelwesen in jeder Stunde eines auf das andere angewiesen sind.

Aristoteles schreibt in der *Nikomachischen Ethik*:

»(…) jede Handlung (…) scheint ein Gut zu erstreben, weshalb man das Gute treffend als dasjenige bezeichnet hat, wonach alles strebt.«

Ich verstehe das so, dass jeder Mensch, zumindest im Zustand als Handelnder, meint, das Gute zu tun und zu wollen. Hier nistet sich Ideologie ein. Es wurde für Jesus getötet, für die Weltrevolution, für die Reinheit der Rasse, es wird für Allah getötet. Ich halte es für möglich, dass auch jener junge Mann, der in einer nordfranzösischen Kleinstadt einem über achtzigjährigen Priester an dessen Altar die Kehle durchschnitt, glaubte, er tue etwas Gutes.

Aber dann hören wir Johnny Cash singen:

»I shot a man in Reno, just to watch him die …«

Und wir geben Johnny Cash, der gewiss kein Optimist war, recht vor Aristoteles.

Dieses Böse ist uns unerklärlich. Weil es kein Motiv und Ziel zu haben scheint. Weil es interesselos scheint. Weil es nichts *für sich* haben will: der Bauer, zu dem der Engel kommt und sagt, du darfst dir wünschen, was du willst, und dann wünscht er sich nicht einen neuen Traktor oder mehr Land oder mehr Vieh, sondern dass die Ziege des Nachbarn verreckt. Auch wenn es immer schon unter uns war, dieses Böse – das absolut Böse, wie es Kant nennt –, hat es merkwürdigerweise erst sehr spät in unserer Literatur Einzug gehalten. Der klassische bürgerliche Bösewicht, Mephisto, wirkt neben Adolf Eichmann wie ein Feuilletonist, ein blendender Feuilletonist zugegeben, aber ein Feuilletonist. Eichmanns Charakter entspricht in der Literatur Mister Verloc, dem Protagonisten in Joseph Conrads *Der Geheimagent* (dass auch er mit Vornamen Adolf heißt, ist ein anachronistischer Witz). Ich lasse mich gern korrigieren, aber ich glaube, in diesem außerordentlichen – auch außerordentlich spannenden – Roman begegnen wir dem Bösen zum ersten Mal in Form von Dumpfheit, Gleichgültigkeit, geistloser Bereitschaft zum Gehorsam, in Form der absoluten Mitleidslosigkeit – nämlich dem *banalen Bösen*, das schrecklicher ist als die schrecklichsten Höllengestalten eines Hieronymus Bosch oder eines Dante Alighieri, nämlich weil es uns so schrecklich ähnlich sieht. Der Begriff stammt von Hannah Arendt, das wissen wir alle, sie hat ihn geprägt, als sie vom Prozess gegen Eichmann in Jerusalem berichtete. Avner Werner Less, der israelische Polizeioffizier, der 1961 und 1962 die Verhöre Eichmanns leitete, erzählt, einmal habe ihn Eichmann nach seinen Verwandten gefragt, und als er antwortete, ein Großteil sei von seiner Abteilung in die

Todeslager transportiert worden, habe Eichmann unter dem Tisch die Hacken zusammengeschlagen und »Herzliches Beileid« gesagt, und er habe es nicht zynisch gemeint.

Mephisto ist der überkluge Zyniker; Mister Verloc hingegen stellt den Zyniker in seinem Naturzustand dar, bevor ihm das Bewusstsein die mephistophelischen Geistesblitze liefert – Verloc verkörpert das Böse aus Langeweile, das nur ein Mittel gegen diese Langeweile zu kennen glaubt, nämlich die Vernichtung, die Destruktion.

Dieses Böse zu lenken ist, so hat sich herausgestellt, einfach. Das erste Lockmittel ist die Sprache.

Sprache ist immer vieldeutig, und die deutsche Sprache ist es in besonderem Maße. Denken wir nur daran, wie viele eklatant unterschiedliche Bedeutungen ich einem Verb geben kann, indem ich ihm verschiedene Präfixe voranstelle. Exempel – *richten*: *be*richten, *ver*richten, *zu*richten, *an*richten, *ein*richten und so weiter. Dann: Nichts leichter, als mit der Wahrheit zu lügen, aber auch mit einer Lüge die Wahrheit zu sagen; jeder kann Beispiele dafür nennen, dass eine Lüge so lange vorgetragen wurde, bis sie fast jeder für eine Wahrheit hielt, oder dass eine Wahrheit durch ständiges Wiederholen einem so auf die Nerven ging, bis man sie nicht mehr glauben wollte. Wie man mit rhetorischen Mitteln den Sinn eines Wortes in sein Gegenteil verkehren kann, dafür ist die Rede des Antonius in Shakespeares *Julius Cäsar* das beste Beispiel; der Begriff »ehrenwerter Herr« ist für alle Zeiten diskreditiert. Das Adjektiv gibt den Herrn der Lächerlichkeit preis.

Richard Ford:
Optimisten

Ich hatte die Ehre, mit ihm zu Abend zu essen. Dass ich gleich im ersten Satz darauf aufmerksam mache, ist pure Angeberei. Allerdings – mit Richard Ford persönlich bekannt zu sein ist des Prahlens wert.

Richard Ford hat große Romane geschrieben – *Der Sportreporter*, *Unabhängigkeitstag*, *Die Lage des Landes*, *Frank* –, wie Felsen überragen die Geschichten um Frank Bascombe die zeitgenössische amerikanische Literatur. Ich möchte hier aber auf den Meister der Shortstory hinweisen. Die erste Sammlung hatte den Titel *Rock Springs*. Am meisten beeindruckt hat mich darin die Geschichte *Optimisten*. Sie wird – wie oft bei Richard Ford – aus der Sicht eines Buben, eines Dreizehnjährigen, erzählt. Das Geschehnis spielt an einem Abend.

Die Mutter sitzt mit einem befreundeten Ehepaar beim Kartenspiel. Der Bub, schon auf dem Weg ins Bett, hört und schaut noch zu. Der Vater ist bei der Arbeit, er ist angestellt bei der Eisenbahngesellschaft. Die Unterhaltung der Erwachsenen ist banal, wie Menschen eben reden, die sich kennen und die einen Abend beim Kartenspiel verbringen. Da kommt der Vater nach Hause. Er sieht mitgenommen aus und erzählt gleich warum. Ein Hobo, ein Landstreicher, ist zu Tode gekommen, eingeklemmt zwischen rangierenden Waggons. Der

Vater war wohl Zeuge. Und nun, unverhofft, bricht ein Streit aus zwischen dem Gast und dem Vater. Es ist offensichtlich, dass sich die beiden nicht leiden können. Der Gast schimpft über die Gewerkschaften. Dass sie schuld seien an solchen Unfällen. Dass sie die Arbeiter unter Druck setzen. Dass sie die Arbeiter aufhetzen. Der Streit eskaliert. Der Vater fühlt sich persönlich angegriffen. Als ob er für den Tod dieses armen Menschen in irgendeiner Weise verantwortlich wäre. Plötzlich schlägt der Vater zu. Ein kurzer Haken auf den Solarplexus. Der Mann fällt um. Er ist tot.

Es war keine Absicht, und wahrscheinlich wird der Vater nicht lange im Gefängnis bleiben, wenn überhaupt. Ein Unfall, eine Art Unfall. Aber die Familie zerbricht. Der Tod des Nachbarn wird für den Buben zur Initiation. Von diesem Tag an ist er allein auf der Welt. Wörtlich: Mit einem Schlag ist er erwachsen geworden. Viele Jahre später trifft er – zufällig – die Mutter in einem Supermarkt. Es ist wie ein Wiedersehen mit einer Person, die er kaum gekannt hat.

Die meisten Geschichten, die uns Richard Ford erzählt, handeln von Außenseitern, Gescheiterten, von traurigen Ereignissen, Tragödien. Die Novelle *Der Frauenheld* trifft den Leser mitten ins Herz, er braucht viel Zeit, um sich zu erholen. Dennoch – und hier erweist sich die Kraft dieses Schriftstellers: Seine Bücher zeigen uns den Menschen als ein Wesen, auf das wir – eben trotz allem – stolz sein dürfen. Er beschreibt präzise, vorurteilslos, manchmal kalt. Aber nie rettet er sich in den sicheren Hafen des Zynismus, der ja bekanntlich die Weltanschauung der Feiglinge ist. Richard Ford ist der Optimist. Die Shortstory mit diesem Namen zähle ich zu den besten ihrer Art – neben Hemingways *Die Killer* und manchen Geschichten von Richard Yates, John Cheever und Raymond Carver, der mit Richard Ford befreundet war.

Als Samuel Beckett und Gabriel García Márquez mit dem Nobelpreis für Literatur ausgezeichnet wurden, habe ich mich gefreut, als wär's ein Geschenk allein für mich gewesen. So wird es mir gehen, wenn Richard Ford den beiden nachfolgt. Sollte sich das schwedische Komitee – wie bei John Updike und Philip Roth ignorant zeigen … dann … ja dann sind die Damen und Herren selber schuld.

Kulturelle Aneignung

Da dachte ich doch bis vor gar nicht langer Zeit, es sei positiv und in jeder Hinsicht und für jeden Beteiligten von Nutzen, wenn sich wer auch immer die Kultur eines anderen aneignet. Ich dachte, etwas Fremdes sich zu eigen machen kann doch nur heißen, sich selbst in dem – vermeintlich – Fremden zu entdecken. Und das kann doch nur heißen, das Menschsein zu erforschen, denn – dahinter dürfen wir doch nicht zurückfallen: Alle Menschen sind gleich. Und dieses Gleiche, so dachte ich, kann ich am besten entdecken, wenn ich mir ein Fremdes aneigne.

Habe ich falsch gedacht?

Viele meinen: Ja. Viele meinen, kulturelle Aneignung sei eine hinterhältige Form des Kolonialismus. Wer sich etwas kulturell aneignet, der nimmt weg.

Ich will in mich gehen. Ich will hier keine Pseudo-Gewissenserforschung betreiben. Ich will den Einwand ernst nehmen. Also frage ich: Wenn ich, ein behüteter Bub aus Vorarlberg, dessen Mutter aus Deutschland stammte, schon als Sechzehnjähriger mich für den Blues begeisterte, dem Vorbild vor allem der *Rolling Stones* folgend, die am Beginn ihrer Karriere alte Blues-Nummern ausforschten und populär machten – habe ich dann, in einem negativen Sinn, kulturelle Aneignung betrieben? Vielleicht ja. Ich erinnere mich, dass ich besonders begeistert war von der Stones-Nummer *Love in Vain*. Als Autoren, sowohl des Textes als auch der Musik, wurden auf der Platte Mick Jagger und Keith Richards genannt. Später erfuhr ich, dass der wahre Urheber ein damals bei uns völlig unbekannter schwarzer Amerikaner namens Robert Johnson war. Der wurde 1911 geboren und starb 1938. Jagger und Richards haben bald zugegeben, dass die Nummer nicht von ihnen stammt. Es war dies, so darf ich doch wohl sagen, nicht ein Fall von kultureller Aneignung, sondern schlicht ein Plagiat.

Dass die *Rolling Stones* den Blues in die Rockmusik eingeführt haben, mehr noch, dass der Rock 'n' Roll selbst sich vom Blues herleitet, der Blues aber die originäre Musik der Afroamerikaner ist – ist dies ein Beispiel für kulturelle Aneignung?

Ich habe mich kundig gemacht. Von kultureller Aneignung in einem negativen Sinn spricht man auch, wenn die Aneignung auf Kosten des Originals geht. Nun ist es tatsächlich so, dass die schwarzen Musiker, die den Blues »erfunden« haben, wenig davon hatten, während ihre weißen Kollegen, die daraus den Rock 'n' Roll schmiedeten, oftmals sehr reich wurden. Allerdings: Beispiele von armen Weißen und reichen Schwarzen gibt es in der einschlägigen Musikbranche genügend, daran allein kann es nicht liegen. Außerdem: Die Stücke von Chuck Berry, um ein weiteres Beispiel zu nennen, sind ebenso geprägt von der weißen Country Music wie vom Blues, denken wir an das wunderbare *Memphis, Tennessee*. Wenn wir The Great American Songbook ansehen und anhören, diese nicht gesammelte Sammlung der populären Musik der USA, dann entdecken wir ein Geflecht von Einflüssen in alle Richtungen und wieder zurück, das nicht aufzulösen ist und das – bitte! –

nicht aufgelöst werden soll. Ist es nicht absurd, hier von »kultureller Aneignung« zu sprechen?

Ein kleiner Schauder läuft mir bei diesem Begriff über den Rücken, das muss ich schon sagen. Was wäre denn das Gegenstück zur kulturellen Aneignung? Die kulturelle Reinheit? Die Ausstellung *Entartete Kunst* in München 1937 zeigte durchwegs Exponate, die sich einer kulturellen Aneignung verdankten. Der Expressionismus als Ganzes stand unter dem Verdacht der kulturellen Aneignung. Der Begriff war ein anderer, gemeint aber war das Gleiche: Die inkriminierten Künstler hatten sich von artfremder, also fremder Kunst beeinflussen lassen, sie waren aus der Art geschlagen, also »entartet«. Als ich, es war in den frühen sechziger Jahren des letzten Jahrhunderts, den Beat, den Blues, den Rock 'n' Roll entdeckte, wurde diese Musik als »Negermusik« bezeichnet. Ich hatte es als eine Ehre empfunden, wegen dieser kulturellen Aneignung beschimpft zu werden.

Ich merke, ich bin wirklich naiv und uninformiert. Ich war es jedenfalls. Ich habe mich immer als politisch links verstanden, und dann erfahre ich, dass die Verteufelung der kulturellen Aneignung seit neuestem aus ebendieser Richtung kommt. Das verwirrt mich. Und wenn der Vorwurf berechtigt ist? Dann habe ich mein Leben verwirkt, jedenfalls mein musikalisches Leben. Ich liebe Reggae. Ich habe mit einer Band Reggae-Nummern gespielt. Zum Beispiel *Stir it up* von Bob Marley. Ich an der Gitarre. An einer Fender Stratocaster. Wie Bob Marley in dem Video auf YouTube. Ich nehme doch an, ein Musikinstrument ist ein kultureller Gegenstand, wer würde das bezweifeln. Die berühmte Stratocaster wurde von Leo Fender entwickelt und geformt, und Leo Fender war ein weißer amerikanischer Musikinstrumentenbauer und Unternehmer – hat sich Bob Marley also der kulturellen Aneignung schuldig gemacht? Ich denke, sowohl Leo Fender als auch Bob Marley hätten über diese Diskussion nur den Kopf geschüttelt und weitergemacht. Der eine war dem anderen für die Übernahme dankbar, was denn sonst!

Ich will ja glauben, jene, die sich gegen die kulturelle Aneignung ereifern, haben gute Argumente. Nur, ich kenne diese Argumente nicht. Vielleicht findet sich jemand unter den Lesern, der mir Ezzes gibt. Er oder sie soll mich nur bitte nicht als Postkolonialisten beschimpfen. Und bitte er oder sie soll doch auch keine Kampagne starten, damit die Märchenwelt unter Kuratel gestellt werde, diese wunderschöne Welt, in der einer dem anderen gibt, in der einer vom anderen nimmt, wo einige Geschichten aus Tausendundeiner Nacht in Paris erfunden, in der Türkei gefunden und wo alles zusammen auf der ganzen Welt vorgelesen oder jeweils auf eigene Art erzählt wird. Ja, ich bin der Meinung, der Kampf gegen die kulturelle Aneignung leitet seine Legitimität aus dem schlechten Gewissen her, und es gibt allen Grund, wegen der kolonialen Vergangenheit ein schlechtes Gewissen zu haben; aber dieser Kampf beruht auf einem Missverständnis: Ein kulturelles Gut wird nicht weniger, wenn man es teilt. Es lässt sich aus einem Buch der Inhalt nicht »weglesen«; ein Buch wird nicht entwertet, wenn es verliehen wird, jeder Autor freut sich darüber. Ein nationalistisch bis rassistisches Denken, das darauf aufpasst, dass jeder neben seinem eigenen Häufchen hockenbleibt, ist abstoßend, lächerlich und letztlich kulturtötend.

Ich jedenfalls freue mich über jeden Blick in eine andere Welt, umso mehr, wenn ich in dieser mich selbst wiedererkenne, weil ich erkenne, dass wir alle vom selben Schlag sind. Und das ist gut so.

Der Struwwelpeter

Sie kennen das: Ein Geruch aus der Kindheit weht Sie an, und für einen Augenblick, tatsächlich nur für einen Augenaufschlag und oft nicht länger, werden Sie in der Zeit zurückkatapultiert, über Jahrzehnte, und meistens landen Sie im Glück. Und so ist es nicht nur bei Gerüchen oder Speisen, sondern auch bei Bildern. Mir ging es so beim *Struwwelpeter*. Ich habe immer wieder mit Freunden über dieses Buch gesprochen, bei allen möglichen Gelegenheiten; wenn es um Erziehung ging, über Grausamkeiten, denen Kinder in Büchern oder Filmen ausgesetzt werden; ob man diese Bücher aus den Kinderzimmern verbannen soll, am liebsten zusammen mit den Märchen der Brüder Grimm. So viele Debatten wurden geführt, in denen dieser Klassiker von Heinrich Hoffmann eine Rolle spielte. Aber seit meiner Kindheit hatte ich das Buch nicht mehr in der Hand gehabt. Ich weiß nicht, wohin das Exemplar geraten war, das unser Onkel Gerhard meiner Schwester und mir vor über sechzig Jahren geschenkt hatte. Schwund bei Umzügen. Erst vor kurzem habe ich mir wieder ein Exemplar besorgt. Ich sah es in einer Buchhandlung in der Ecke stehen. Ich sah den Umschlag – und für einen Augenblick war ich zurückversetzt in meine Kindheit.

Der Struwwelpeter ist nach den Märchen der Brüder Grimm das bekannteste deutsche Kinderbuch. Dabei hat es Heinrich

Hoffmann gar nicht für den Buchmarkt geschrieben und gezeichnet, sondern zu Weihnachten 1844 als Geschenk für seinen dreijährigen Sohn. Er habe, erklärte er später, nichts Brauchbares in den Frankfurter Buchhandlungen gefunden. Freunde machten ihn darauf aufmerksam, er solle das Buch doch verlegen lassen. Inzwischen ist der schmale Bildband in viele Sprachen und Dialekte übersetzt. Auch Adaptionen gibt es jede Menge, die sogenannten Struwwelpetriaden – Hitler als Struwwelpeter, der antiautoritäre Struwwelpeter, der Gegenstruwwelpeter, in dem die originalen Guten böse und die Bösen gut sind, und so weiter. Den einen gilt das Buch als Grundbeispiel für despotische Kindererziehung, andere sehen in manchen der Geschichten einen frühen liberalen, antirassistischen, antikolonialistischen Geist wehen. So in der Geschichte von den bösen Buben, die sich über einen »Mohr« lustig machen. Sie werden bestraft vom Nikolaus, der hier dem Reim zuliebe Nikolas heißt, weil er sie in das Tintenfass steckt und schwarz einfärbt, damit sie buchstäblich am eigenen Leib erfahren, was es heißt, ein »Mohrenkind« zu sein.

Meine Lieblingsgeschichte war und ist immer noch die mit dem Jäger und dem Hasen. Der Jäger legt sich ins Gras schlafen, der Hase kommt, greift sich die Brille und das Schießgewehr, der Jäger erwacht und läuft davon, der Hase schießt, trifft aber nicht den Jäger, sondern die Kaffeetasse in der Hand der Jägersfrau, die sich gerade aus dem Fenster lehnt, unter dem das Hasenjunge sitzt und nun vom heißen Kaffee verbrüht wird. Dieser Ablauf der Geschehnisse kam mir schon als Kind absurd vor, aber gerade deshalb glaubwürdig. Die Welt, dachte ich, ist unberechenbar und undurchschaubar. Also wunderte ich mich auch nicht in einer anderen Geschichte über die Tränen, die aus Katzenaugen wie aus Feuerwehrschläuchen spritzen, als Pauline, die, allein zu Haus, mit dem Feuer spielte und schließlich abbrannte.

Inzwischen wurde der Bann von Moralwächtern über diesen Klassiker der Kinderliteratur ausgesprochen. »Schwarze Pädagogik« heißt es. Am Charme der kleinen Erzählungen und der Zeichnungen konnten die erhobenen Zeigefinger jedoch nicht kratzen. Dabei ist so gut wie alles an diesem Büchlein dilettantisch, die Verse holpern, die Bilder sind ungelenk – und siehe da: Es scheint gerade das Unprofessionelle zu sein, was uns erfreut. Nämlich, weil es uns aufnimmt mit allen unseren Vorurteilen, unseren schiefen Ansichten, unseren geheimen Grausamkeiten und unseren Wünschen, es besser zu machen.

Der Augenblick

Der Zauber jedes Neubeginns, den uns Hermann Hesse verspricht, hat der eine »Wirkungskurve«? So ein ödes Wort für etwas so Schönes! Ich habe nach einem neutralen Wort gesucht, und dann ist ebendieses übrig geblieben. Ich meine damit: Wenn ich den Zauber über ein ganzes Leben lege, beschreibt er eine Gerade oder eine Kurve? Also dass der Zauber in jedem Lebensalter gleich ist, gleich stark sein kann oder dass er eine Steigerung erfährt, einen Höhepunkt und ein Abfallen? Was kann der Zauber noch bieten, geht es dem Lebensende zu?

Goethe schreibt, wenn er den Homer liest, dann schaut er in den Sternenhimmel und denkt sich: Was wird einmal aus mir? Irgendwann weiß man, was aus einem geworden ist. Was dann? Ist es nicht wahrscheinlich, dass ich dann denken werde: Hoffentlich ändert sich nichts mehr! Bitte, kein Neubeginn!

Diese penetrante Forderung, sich ständig verändern zu sollen, hat in vielen, ich würde sagen, in den meisten Fällen das profane Ziel, uns zu verführen, Konsumenten immer neuer Produkte zu werden. Die Zeiten, in denen diese Einsicht linkes Stereotyp war, sind längst vorbei. Heute weiß jeder: Unser Lebenszweck besteht darin, zu kaufen. Was wir mit dem Gekauften anfangen – wurscht! Allerdings hat inzwischen die Meinung Gewicht bekommen, das sei gar nicht zu verurteilen, im

Gegenteil, sondern in Wahrheit großartig. Denn was will der Mensch? Er will haben. Jemand zu sein ist unübersichtlich schwer. Etwas zu haben ist leicht, jedenfalls in unseren Breiten. Das Sein hat sich ins Private verzogen. Dort kann man jemand sein – ein Liebhaber, ein Gehasster, ein Gütiger, ein Hinterhältiger. Das kann man in der Öffentlichkeit alles auch sein, aber wer nimmt dort Notiz davon? Und wenn, wie lange? Bist heute Kanzler, bist morgen schon kaum jemand und übermorgen niemand. Hingegen, was du hast, hast du. Und wenn du es nicht mehr hast, kaufst du etwas Neues. Das ist doch großartig! Das ist der Endzustand eines jeden Versprechens! Wer nun glaubt, ich könne das nur zynisch meinen, der irrt. In der Bestellung liegt viel Zauber. Und wenn man ein Päckchen zugestellt bekommt, belebt sich dieser Zauber von Neuem. Es sind Augenblicke des Glücks. Wenn es nicht so wäre, würden wir nicht so gern bestellen.

Und dann trete ich hinaus in den Sommer, und alles um mich her ist Versprechen. Ein Versprechen, das sich messen lässt. Mit einem sehr feinen Maßstab. Einem Maßstab, dessen einzige Einheit der Augenblick ist. Die Pandemie – dieser Gedanke kam mir heute Morgen beim Zähneputzen, als ich mein Gesicht im Spiegel sah, ein ruhiges, entspanntes, weltabgewandtes Gesicht – die Pandemie hat mein Zeitempfinden verändert. Einmal sind die Zeitabstände, in die ich meine nähere Zukunft eingeteilt habe, länger geworden. Was ich noch vorher nicht konnte: weiter vorausdenken als zwei Wochen, das ist nicht mehr. Ich denke mich inzwischen in Jahren. Aber – und daraus wächst der Zauber – ich denke mich zugleich auch in Augenblicken. Wenn nichts geschieht, wird man entweder ungeduldig oder gelassen. In den ersten Wochen, vielleicht sogar Monaten nach dem Ende der Pandemie, war ich ungeduldig. Das bin ich nun nicht mehr. Ich trete hinaus in den Sommer, und alles um mich herum ist Versprechen, die kühle laue Wärme des Morgens, die herben milden Gerüche, die quälenden, schmeichelnden Geräusche. In der kleinsten Einheit des Augenblicks sind die Gegensätze noch nicht geschieden. Alles ist, wie es ist; alles ist wie die Liebe im Gedicht von Erich Fried: Es ist, wie es ist. Das Glück besteht darin, nicht zu fragen.

Was aber bedeutet das?

Es kann bedeuten: dass ich endlich begreife, was Schönheit ist. Nämlich das Unteilbare, der Blitz in der Nacht, der für einen Augenblick, tatsächlich für einen *Augenblick*, alles sichtbar macht, zu schnell, um es zu analysieren, und das ist Schönheit. – Wie tröstlich wäre doch eine Predigt, die mit solchen Sätzen begänne!

Ich trete hinaus in den Sommer; es riecht nach Teer, und es ist, als ob ich das erste Mal Teer röche; es riecht nach frisch gemähtem Gras, und es ist, als ob ich frisch gemähtes Gras zum ersten Mal röche; ich höre das Geräusch einer elektrischen Kaffeemühle, und es ist, als ob ich dieses Geräusch zum ersten Mal hörte. Nun beginnt ein neuer Tag. Und der Tag könnte so lang werden, wie die Tage in der Kindheit waren. Als ich ein Kind war, wusste ich nicht, was Schönheit und was Glück sein kann, weil ich darüber nicht nachdachte, und als ich dann darüber nachdachte, vertrieben die Gedanken die Empfindungen – aber jetzt: Jetzt trete ich am Morgen in den Sommer hinaus, und ich habe keinen Plan. Was ist ein Plan? Der Plan ist doch nichts anderes als ein Wunsch an die Zeit; der Wunsch, die Zeit möge so geduldig sein und auf meine Voraussicht Rücksicht nehmen.

Wir lieben die Sonne und wissen doch, dass sie der Inbegriff der Katastrophe sein kann; wir lieben die Farbe Rot und wissen doch, dass sie die Farbe des Blutes ist, das wir lieber in seinen verborgenen Bahnen wünschen und nicht vor unseren Augen. Der Zauber des Neubeginns, auf den der sanfte Hermann Hesse seine Hoffnungen setzte, könnte sich als kataklystischer Fluch erweisen. Die Zauberwesen sind wir, immer und überall wir, wir selbst. Auch der zaubernde Engel der Geschichte, von dem Walter Benjamin erzählt, sind wir, er schaut zurück auf das Alte, das nichts anderes ist als der erstarrte Zauber.

Der Augenblick, zu dem wir sagen wollen, er möge stehenbleiben, der lässt uns nicht im Stich; er geschieht, und er geschieht – in jedem Augenblick.

Hundert Jahre Einsamkeit

Gabriel García Márquez erzählte in einer launigen Stunde, er sei eines Nachts in einem Dorf in Kolumbien mit Fischern in einer Kneipe zusammengesessen und habe mit ihnen getrunken und gesungen, und dann habe einer der Männer eine Geschichte erzählt, eine »sehr alte Geschichte«, wie er ankündigte, nämlich die Geschichte von Remedios, der Schönen, nach der alle Männer im Dorf verrückt gewesen seien und die dennoch in ihrem Herzen die Unschuld bewahrt habe. Eines Tages, Remedios war gerade im Badehaus, die Männer drängten sich um den schmalen Spalt in der Wand, um sie zu sehen, kam ein Windhauch auf, der schlug ein Laken um den Körper der nackten Frau und hob sie in den Himmel. García Márquez habe zugehört und wie die anderen Männer lange versonnen genickt, und dann habe er gesagt:

»Mit Leib und Seele, nicht einmal Gott hätte sie daran hindern können.«

»Ja, genau!«, habe der Erzähler ausgerufen. »Woher weißt du das?«

Und da habe er, sagte García Márquez, einen unverzeihlichen Fehler begangen. Er habe gesagt: »Weil ich diese Geschichte erfunden und aufgeschrieben habe.« Nur knapp habe er sich vor Prügeln retten können.

Die Personen und ihre Geschichten aus dem Roman *Hun-*

dert Jahre Einsamkeit wurden in Kolumbien sehr bald nach dem Erscheinen des Romans zum Volksgut. Das Dorf Macondo bekam einen festen Platz im Märchen- und Sagenschatz des Landes. Viele Menschen konnten nicht lesen und schreiben, sie hatten nie etwas von dem Autor und dem Roman gehört, kannten den Titel nicht, und schon gar nicht wussten sie, dass die Schwedische Akademie 1972 den Nobelpreis für Literatur an Gabriel García Márquez für ebendieses Buch verliehen hatte; aber sie erzählten ganze Handlungsstränge nach, wie sie ihnen von anderen erzählt worden waren. Das Buch und seine Figuren haben sich von dem Dichter emanzipiert, haben sich über ihn erhoben.

Das Buch ist eine Saga. Das Leben von sieben Generationen der Familie Buendía wird erzählt. Der Ton ist archaisch und erinnert manchmal an die Bibel. Das Fantastische vermählt sich darin mit dem Historischen, Märchenhaftes mit Politik und der Kritik an der Ausbeutung eines Kontinents.

Bereits der Anfang ist eine literarische Sensation:

»Viele Jahre später sollte Oberst Aureliano Buendía sich vor dem Erschießungskommando an jenen fernen Nachmittag erinnern, an dem sein Vater ihn mitnahm, um das Eis kennenzulernen.«

Erst zweihundert Seiten später ist es so weit. Aber über dem Haupt von Aureliano, einer der Hauptfiguren des Romans, schwebt von Anfang an das Menetekel seines Schicksals. Nach diesem Satz konnte ich das Buch nicht mehr aus der Hand legen. Ich las Tag und Nacht, und als ich am Ende war, begann ich von Neuem, und es war, als läse ich es zum ersten Mal. Als Arcadio etliche Jahre vor seinem Bruder Aureliano erschossen wird, rinnt sein Blut durch das Dorf, durch die Gassen, an den Häusern vorbei, an den Plätzen vorbei, auf denen er als Kind gespielt hatte, rinnt bis vor die Füße seiner Mutter Ursula. Ich dachte, ich werde nie wieder so ein Buch lesen. Ich besorgte mir alles von Gabriel García Márquez und von seinen lateinamerikanischen Kollegen. Bis heute habe ich keinen solchen Leserausch mehr erlebt.

García Márquez hat dieses Buch nicht geliebt. Er sagte in einem Interview, es habe sein Leben zerstört. Als er 2014 starb, waren von *Hundert Jahre Einsamkeit* 30 Millionen Stück verkauft worden, heute sind es einige Millionen mehr. Dieser fantastische Erfolg hat die lateinamerikanische Literatur in der ganzen Welt bekannt gemacht – das Leben des Autors aber hat er beinahe ausgelöscht.

Alleinsein

»Das ganze Unglück der Menschen rührt allein daher, dass sie nicht ruhig in einem Zimmer zu bleiben vermögen.« Diesen Satz kannte ich, lange bevor ich wusste, dass er vom französischen Philosophen Blaise Pascal stammt. Er gehörte zum Ermahnungsreservoir meiner Mutter. Sie sagte ihn manchmal laut vor sich hin – ohne Adressaten, in unserer Familie war nämlich niemand, der Alleinsein nicht ausgehalten hätte. Bei uns war es eher umgekehrt, jeder sehnte sich nach einem Zimmer für sich allein. Immerhin erkannte meine Mutter, dass Gefahr besteht, wenn einer immer jemanden um sich herum haben muss.

In den Schulferien war ich manchmal tagelang allein. Meine Mutter war gehbehindert, sie konnte sich nur mithilfe eines Stützapparats, später nur im Rollstuhl bewegen. Drei Schritte zurück, und ich war ihrem Zugriff entzogen. Das hatte zur Folge, dass sie mir vertrauen musste, und das hatte zur Folge, dass ich ihr Vertrauen nicht missbrauchte. Ich war ein liebevoll verwahrlostes Kind. Etwas Besseres gibt es nicht. Wenn ich über einen ganzen Tag allein sein wollte, begab ich mich auf den jüdischen Friedhof. Der lag außerhalb von Hohenems und war von einer Mauer umgeben. Dass aus den Bäumen, die hier wachsen, Bleistifte gemacht werden sollen – das wurde erzählt. Die Bleistifte, die so gut riechen, wenn man sie spitzt. Ich wusste Bescheid über den Holocaust. Meine Mutter erzählte von ihrem ehemaligen Chef, der war Notar gewesen und Jude. Sie hatte ihn gern gemocht, verehrt, vielleicht war sie ja auch ein bisschen verliebt gewesen in ihn. Das war in Coburg gewesen, dieser kleinen Stadt im nördlichen Bayern, in Franken. Das war, als sie noch gehen konnte wie jeder andere Mensch auch. In Coburg waren die Nazis stark. Der Chef meiner Mutter wurde durch die Stadt getrieben und blutig geschlagen. Aber er konnte rechtzeitig nach Amerika fliehen. Nach dem Krieg, so erzählte meine Mutter, sei er gebeten worden zurückzukehren, man habe ihm das Amt des Oberbürgermeisters angeboten. Er lehnte ab. Meine Mutter gab ihm recht. Er soll gesagt haben, er wolle kein einsamer Mann in einer Amtsstube sein. Vor den Nazis hatte sich meine Mutter gegraust, als wäre das Böse ein stinkender Dreck. Auch in Hohenems haben Juden gelebt. Und auch in Hohenems hatten die Nazis ihre Anhänger. Als ich ein Kind war, konnte man am Felsen des Schlossbergs das Hakenkreuz hervorscheinen sehen, wenn es regnete. Manchmal bringt es eben nicht die Sonne ans Licht, sondern der Regen. Später gab es dann Farben, die besser deckten. Überall im bösen Reich hat man die Synagogen angezündet, in Hohenems hat man ein Feuerwehrhaus daraus gemacht. Aber ich weiß immer noch, wo die Stelle mit dem Hakenkreuz war, dort ist jetzt ein gräulicher Fleck.

Es gibt solches und solches Alleinsein. Das eine ist ein normales, das andere ein verzaubertes, das eine ist von dieser Welt, das andere nicht. Das andere fand ich auf dem jüdischen Friedhof. Ich habe mir nicht die Mühe gemacht, den Schlüssel bei der Firma Otten abzuholen. Der Friedhof musste abgesperrt werden, weil man fürchtete, irgendwelche Neonazi-Idioten könnten dort ihren Unfug treiben. Ich kletterte über die Mauer. Ein Buch hatte ich dabei und mein Notizbuch und einen Bleistift und Zigaretten. Diese vier Dinge verhinderten, dass aus dem Alleinsein die Langeweile der Einsamkeit wurde. In die Sonne setzte ich mich oder in den Schatten der Grabsteine oder der Bäume und träumte und schrieb und las und rauchte. Mit dreizehn hatte ich mir das Rauchen angewöhnt. Der Gedanke, dass Bäume nach ihrem Absterben zu Bleistiften verarbeitet werden, gefiel mir, aber bitte, dachte ich, nicht meine Bäume hier. Ich kratzte an der Rinde und hielt die Nase daran. Diese Nachmittage waren Glück. Ich las die Namen auf den Grabsteinen, schrieb sie in mein Büchlein. Es war mein glückliches, verzaubertes Alleinsein. Es roch gut, nicht nur nach dem Harz der Bäume, auch nach den Abgasen von der Straße her. Meine Mutter hatte Heimweh nach Coburg, sie war meinem Vater in die Fremde gefolgt. Autoabgase liebte sie. Sie riechen nach Stadt, sagte sie. Das größte Grauen darf manchmal durchatmen. Wie beim Fangenspielen. Eine Minute lang darf mir niemand etwas Böses tun.

Wenigstens eine oder zwei Stunden am Tag möchte ich, dass mir niemand zuschaut, wie ich mich mit mir allein wohl fühle. Von Greta Garbo angeblich stammt der Satz: »Ich habe nie gesagt, ich will allein sein, ich sagte: Ich will allein gelassen werden. Das ist ein Riesenunterschied.« Das ist es.

Vor wenigen Tagen habe ich wieder einmal den jüdischen Friedhof in Hohenems besucht. Ich habe mir den Schlüssel geben lassen. Lieber wäre ich über die Mauer geklettert. Aber das schaffe ich wahrscheinlich nicht mehr. Ich habe mich unter die alten Zedern gesetzt, auch das Buch, das ich in jenem fernen Sommer gelesen habe, hatte ich dabei, noch dieselbe Ausgabe: *Früchte des Zorns* von John Steinbeck. Nur das Rauchen, das Rauchen, habe ich mir schon lange abgewöhnt. Irgendwie schade.

Fjodor Michailowitsch Dostojewski:
Erniedrigte und Beleidigte

Wenn wir ehrlich sind: Das ist ein Kitschroman. Er ist sentimental und pathetisch bis zum Unerträglichen. Eigentlich wie alle Romane von Dostojewski ist dieser Roman ganz und gar unerträglich. Es ist schwer zu ertragen, was erzählt wird, und es ist schwer zu ertragen, wie erzählt wird. Aber gerade das macht die unvergleichliche Größe dieser Werke aus.

Zum Inhalt: Ein totkranker junger Schriftsteller erzählt die Geschehnisse seines letzten Lebensjahres. Er ist aufgewachsen als Adoptivsohn des Ehepaars Ichmenew. Er wurde geliebt wie ein eigener Sohn. Die Ichmenews haben eine Tochter, Natascha, von Kindheit an sind die beiden ineinander verliebt. Schließlich beschließen sie zu heiraten. Die Ichmenews sind freudig damit einverstanden, der Vater allerdings meint, sie sollen sich noch ein Jahr Zeit lassen, um sich gewiss zu werden, dass ihre Liebe auch dem Erwachsensein standhält.

In diesem Jahr lernt Natascha Aljoscha kennen. Sie verfällt ihm, und diese Leidenschaft reißt alles nieder, was sie sich an Charakter aufgebaut hat. Der einzige Mensch, dem sie sich in ihrer Verzweiflung anvertraut, ist ausgerechnet ihr Verlobter. Und der – nein, er empört sich nicht, nicht einmal kann er sich dagegen wehren, ihr zu Diensten zu sein. Den Postillion d'Amour soll er spielen. Und er tut es.

Der junge Dichter ist eine typische dostojewskische Figur, wie wir sie aus den Romanen *Der Spieler* und *Der Idiot* und *Schuld und Sühne* kennen. Diese lustvolle Seelenquälerei ist fürwahr schwer zu ertragen, aber wir schaffen es nicht, das Buch beiseitezulegen. Nicht nur, weil wir im Verhalten der Figuren uns selbst erkennen – wir staunen über unsere Gattung. Etliche Jahre vor Sigmund Freud hat Dostojewski diese unerforschten Gebiete in unserer Seele kartographiert. Nicht mehr definieren Weltanschauung, Religion, bürgerliche oder aristokratische Anstandsregeln die Überlegungen, was der Mensch sei, sondern die akribische unbarmherzige Beobachtung. Dass dabei Unerträgliches zum Vorschein kommt, kann nicht dem Schriftsteller angekreidet werden.

Aljoscha ist der Sohn eines kaltherzigen, berechnenden, bösartigen Aristokraten, mithilfe einer Intrige will er seinen Sohn mit Katja, der Tochter einer reichen Petersburger Familie, verkuppeln. Katja ist ein lebensfremdes Mädchen, Aljoscha ist ihre erste Liebe. Und Katja – ja, da setzt Dostojewski noch eins drauf – wählt zu ihrer Vertrauten ausgerechnet Natascha, die das Spiel des bösen Kupplers durchschaut, die aber auch voraussieht, dass ihr geliebter – ich sagte: naiver, eigentlich aber dummer – Aljoscha sich von ihr abwenden wird. In ihrer masochistischen Demut gleicht sie ihrem Adoptivbruder, sie tröstet Katja, wenn diese meint, Aljoscha könnte seine Freundin, nämlich eben Natascha, mehr lieben als sie, Katja.

Ein Dichterkollege sagte einmal über Dostojewski, die Handlung aller seiner Romane sei: Zwei oder drei Personen sitzen irgendwo und reden. Tatsächlich ist ein Großteil des Textes in Anführungszeichen gesetzt. Da redet Aljoscha fünf

Seite lang, und er redet fast nur Unsinn. Irgendwann unterbricht ihn Natascha genervt: »Bitte, Aljoscha, was willst du uns sagen?« Wir rufen zwischen die Buchseiten hinein: »Ja, komm endlich zum Punkt!« Jeder andere Autor würde an dieser Stelle schreiben: »Aber Aljoscha kam wieder nicht zum Punkt, er redete weiter.« Und würde uns somit den weiteren Sermon ersparen. Nicht Dostojewski, er lässt Aljoscha unerbittlich weiterreden. Unerträglich! Aber damit bewirkt er: Wir sitzen mit den Protagonisten an diesem Tisch. Wir gehören dazu. Dostojewski zwingt uns in sein Buch. Nie kommen wir dem Menschen so nahe. Dostojewski hat neu definiert, was Seele ist.

Täter-Opfer-Umkehr

»Opfer« als Schimpfwort – sogar zu einem Wikipedia-Eintrag hat es diese Wendung gebracht: »Du Opfer!« Jemanden so zu nennen ist die unverhohlene Inkenntnissetzung einer sich frech behauptenden Macht. Noch bevor es zur Auseinandersetzung, zum Kampf kommt, wird bekanntgegeben, wer was am Ende sein wird – nämlich du das Opfer. Das heißt, der Kampf ist lediglich eine lustige Begleiterscheinung, jedenfalls für die eine Seite; er entscheidet über gar nichts, ganz gleich, wie er ausgeht, die Rollenverteilung stand längst vorher fest: »Das Opfer bist du.«

Diese Anrede würde in Homers *Ilias* passen. Wer einen anderen attackierte, brauchte sich nicht zu rechtfertigen; er musste vor niemandem beteuern, dass er das Böse in Wahrheit im Interesse eines höheren Guten tut. Weder Christentum noch Aufklärung waren erfunden. Das Böse war von seinem Gegenstück, dem Guten, noch nicht scharf geschieden. Es gab keinen Gott, der moralische Richtlinien vorgegeben hätte. Der zur gleichen Zeit sich gebärdende und fordernde JHWE gebärdete sich und forderte weit weg. Die Tontafeln vom Berg Sinai waren eine ethische Weltsensation ungeheuren Ausmaßes, aber ihre Gebote und Verbote hallten noch nicht in die weite Welt hinaus.

Wer jemanden als »Opfer« beschimpft, katapultiert sich zurück in diese ferne archaische Welt. Dort gab es keine Opfer-Täter-Umkehr, dort würde sich ein Held niemals selbst als Opfer bezeichnen. Außer Odysseus. Bevor er dem Kyklopen Polyphem das einzige Auge aussticht, nennt er ihm seinen Namen: Outis werde er genannt. In diesem kleinen Wörtchen kulminiert die ganze Hinterlist dieses Helden – und auch die Wortkunstfertigkeit des Homer. Wird nämlich der Konsonant in der Mitte weich ausgesprochen, so dass Outis als »Oudis« verstanden werden kann, dann ist dies der Kosename des Odysseus, den ihm seine Mutter Antikleia gegeben hat. Bei hartem Konsonanten – Outis – heißt das Wort, in unsere Sprache übersetzt: Niemand. Es ist eine Selbstvernichtung im wörtlichen Sinn. Sich selbst als »Niemand« zu bezeichnen bedeutet, sich zu einem universellen Opfer zu erklären. Odysseus tut es, um vor dem Riesen noch kleiner zu erscheinen, zu unbedeutend, um sich über so einen zu ärgern. Gleichzeitig ist es eine List, die den Feind bis auf die Knochen blamieren wird, und die Blamage, das wissen wir, ist auch eine Art der Vernichtung: Als Polyphem vor Schmerz schreit, weil ihm das Auge mit einem glühenden Stab ausgestochen wurde, kommen seine Brüder gelaufen und fragen, was denn los sei. Er antwortet: Niemand hat mich geblendet. Die Brüder lachen ihn aus und halten ihn für verrückt. Polyphem ist das Opfer, das erbärmlichste Opfer im ganzen Epos, in dem es – die Götter wissen es – nur allzu viele Opfer gibt.

Max Frisch fragt, ob die Moral die Ohnmacht heiligt. Es ist dies eine der klügsten, eine der überraschendsten Fragen, die ich je gehört habe. Die Antwort des Christen darauf ist eindeutig: Ja. Der Kreuzestod Christi hat die Ohnmacht geheiligt – und hat sie mächtiger als die Macht auferstehen lassen. Von nun an ist das Opfer der Herrscher. Der Kreuzestod eines Gottes macht das Opfer zum Herrscher – und zum Täter.

Die Ikone des Opfers, der ans Kreuz geschlagene Gott, der gefolterte Mensch, der gedemütigte Gott-Mensch wurde den schrecklichsten Kriegszügen vorangetragen. Die Kreuzzüge waren die Siegeszüge des Geopferten, des Gedemütigten – des Opfers. Hier begann eine gigantische, zweitausend Jahre dauernde Täter-Opfer-Umkehr: die Apotheose des Opfers. Nun waren es die Christen als Nachfahrer und Vollstrecker des Willens des göttlichen Opfers, die mordeten, brandschatzten, vergewaltigten, missbrauchten, ausrotteten, betrogen, die Schlachtfelder mit Blut überschwemmten, Hunderte Kinder in Umerziehungsheimen zu Tode brachten – sie, die Christen, sind das ewige heilige Opfer, sie tun Böses unter der Flagge des Opferlamms, also tun sie Gutes. Wer dem widerspricht, ist der Antichrist. Der Teufel. Der Vater der Lüge.

Wer ist der Täter? Wer ist das Opfer? Wer spricht von Wahrheit, wenn er lügt? Wer spricht von Lüge, wenn die Wahrheit ausgesprochen wird? Geben wir acht!

In letzter Zeit, der mythenlosen Zeit, der restlos entzauberten, der restlos von jeglicher Transzendenz entblößten, der restlos von jeglichem aufklärerischen Pathos befreiten Zeit, so meine ich beobachten zu können, wurde die Täter-Opfer-Umkehr zur beliebtesten Waffe in der täglichen politischen Auseinandersetzung – die nun auch keine »Auseinandersetzung« mehr ist, kein Austausch und Abwägen der Argumente, keine Kritik und Gegenkritik, sondern ein Krieg, vorerst ein Krieg der Worte, aber ein Krieg, in dem sich nicht Menschen mit verschiedenen Meinungen, Urteilen, Glaubensbekenntnissen und verschiedenen Erfahrungen gegenüberstehen, sondern Sieger und Besiegte, Täter und Opfer – Letztere aber nicht in einem naiven wörtlichen Sinn, sondern in einem hinterfotzigen, paradoxen Sinn, in einem verdrehten Sinn wie aus dem Neusprech, den uns George Orwell in seinem Roman *1984* vorführt, wo ein Wort das Gegenteil von dem bedeutet, was uns der gesunde Menschenverstand eingibt.

Augustinus sagt, die Lüge ist der Tod der Seele, denn sie muss, um erfolgreich zu sein, das Vertrauen in die Wahrheit menschlicher Rede voraussetzen, das sie zugleich zerstört.

Geben wir acht! Wer ist der Täter? Wer ist das Opfer? Wer spricht von Wahrheit, wenn er lügt? Wer spricht von Lüge, wenn ihm die Wahrheit widerspricht?

Und wieder:
König Lear

Was ist Literatur, was ist Theater anderes als ein Katalog von Präzedenzfällen? Sehen wir uns den König Lear an, denken wir über ihn nach!

Ich fantasiere: Der Mann war, als er in jungen Jahren gekrönt wurde, besten Willens, ein guter König zu werden, ein gerechter König, ein berechenbarer König – ein König, dessen Untertanen nicht seinen Launen und Leidenschaften ausgeliefert sein sollten. Lear aber war ein leidenschaftlicher und ein launischer Mann, und das wusste er. Er wollte sich beherrschen, aber er wusste auch, er konnte sich nicht auf sich selbst verlassen. Er musste Vorsorge treffen für den Fall, dass er – ich sag's, wie, wäre er heute König, sein Volk sagen würde – »auszuckt«. Er kannte – wieder ein Ausdruck aus heutiger Zeit – seine »Erregungskurve«. Wenn sie einen bestimmten Punkt passiert hatte, schnellte sie nach oben, bis sie parallel zur Y-Achse unaufhaltsam ins Heillose raste. Dieser Punkt durfte nicht überschritten werden. Der König musste rechtzeitig gewarnt werden. Also bestellte und nahm sich König Lear Berater. Drei Berater: den Grafen Kent, den Grafen Gloster und den Narren.

Kent ist der klassische politische Berater. Er ist der Klügste am Hof, er lässt sich nicht von Gefühlen beherrschen, er verfügt über ein universelles Wissen, auf seine Analysen kann man sich verlassen, er ist loyal und doch nicht unterwürfig. Er lügt nicht, auch dann nicht, wenn eine Lüge tröstlich wäre. Lear berät sich mit Kent, wenn ein Problem ansteht. Manche Probleme scheinen klein, nebensächlich, zu bewältigen ohne jede Beratung, der König ruft dennoch den Grafen Kent zu sich, um mit ihm die Sache durchzugehen. Das war die Abmachung von Anfang an. Lear weiß und auch Kent weiß, dass manche Probleme sich tarnen, dass sie anfänglich als Lappalien auftreten, als nicht der Rede wert – und dann schlagen sie zu, unverhofft. Hinterher lässt sich leicht sagen, man habe die Gefahr nicht rechtzeitig erkennen können. Diese rückwärtsgewandte Ausrede will der König nicht gelten lassen, nicht bei Entscheidungen, die sein Reich und die Menschen, die in ihm leben, betreffen. Zum Beispiel weiß Lear, dass er mit Leuten, die er hasst, ein sachliches Gespräch nicht führen kann, dass die Gefühle durchbrechen und er der Sache unter Umständen schadet. Weil ein König aber nicht nur mit Freunden Verhandlungen führt, selten sogar mit Freunden, meistens mit Kontrahenten oder gar Feinden, schickt Lear bei heiklen Debatten Kent vor. Das brachte dem König den Ruf des Unnahbaren ein. Um diesem Image entgegenzuwirken, riet Kent, der König solle Sprechstunden für das Volk einrichten. Das war pure Berechnung, kluge Berechnung. Die Probleme der einfachen Leute würden die guten Gefühle des Königs wecken: Mitleid, Großzügigkeit, Liebe. Ergebnis: Die Großen fürchteten den König, die Kleinen verehrten ihn, liebten ihn. Kein besseres Rezept gibt es, um die Macht zu festigen. – Das war Kents Werk.

Immer wieder wird gerätselt, welche Funktion im Stück eigentlich Gloster hat. Außer dass er der Vater des Bösewichts Edmund ist, welche dramaturgisch wichtige Rolle spielt er? Vor vielen Jahren sah ich bei den Bregenzer Festspielen eine Inszenierung von George Tabori, eine sehr freie Inszenierung – da war der Gloster herausgestrichen. Die wirkungsvollsten Szenen um diese Figur, etwa die Blendung durch den brutalen Duke of Cornwall, gab er dem Lear. Bei aller Hochschätzung für Tabori, ich denke, er hat die Figur nicht richtig interpretiert, ihre wahre Funktion im Spiel nicht erkannt. Ja, der Gloster ist dem Lear sehr ähnlich, schon beinahe ärgerlich ähnlich. Auch er kann seine Gefühle nicht beherrschen, auch er gerät außer sich, wenn seine Erregung den Punkt überschreitet. Man könnte sagen: Gloster ist ein Spiegelbild von Lear, hier wiederholt sich Shakespeare. Taboris Überlegungen waren wahrscheinlich: Warum dann die beiden nicht gleich zu einer Figur verschmelzen? Shakespeare aber hat immer recht. So lautet mein erstes Gebot. Also liegt es an mir, wenn ich eine Figur in seinem Kosmos nicht begreife. Meine Interpretation von Gloster: Gerade weil er ein Spiegelbild des Königs ist, kann er in manchen Situationen den König besser vor sich selbst warnen als jeder andere. Lear sieht sich in Gloster. Er sieht seine Lächerlichkeiten, er sieht sein unsinniges rabiates Wüten, er sieht seine Sentimentalität. – Deshalb ist Gloster, ohne dass er es weiß, König Lears zweiter Berater.

Zuletzt der Narr. Er darf alles. Muss alles dürfen. Wenn ein König sich einen Narren nimmt und zugleich ihm verbieten möchte, manche Dinge auszusprechen, dann braucht er keinen Narren. Dann kann er sich dessen Lohn sparen. Der Narr ist ein Narr von Berufs wegen. Es ist ein gefahrvolles Geschäft. Denn ob der Herr sich an die Regeln hält und den Narren auch dann noch gewähren lässt, wenn der ihn unflätig beschimpft – was ja per definitionem diesen Beruf ausmacht –, dessen kann sich der Narr nie sicher sein. Und noch etwas: Erst richtig zum Einsatz kommt der Narr, wenn sowohl der Analytiker als auch das Spiegelbild versagt haben, also kurz vor der Katastrophe.

Und dann tritt die Katastrophe ein. Lear ist alt, er möchte nach einem langen Herrscherleben abtreten. Er will das Reich und die Macht seinen Töchtern übergeben – Goneril, Reagan und Cordelia. In einer mehr als merkwürdigen Zeremonie soll das geschehen – einer Zeremonie typisch für Lear: Die Töchter sollen eine nach der anderen vortreten und vor dem versammelten Hof erklären, wie sehr sie ihren Vater lieben. Goneril und Reagan tun dies auf virtuos speichelleckerische Art. Dann Cordelia, sie ist der Liebling des Vaters, auch weil sie so viel Ähnlichkeit mit ihm hat, auf ihre Worte freut sich der König am meisten. Sie sagt: »Ich liebe dich, wie es sich für eine Tochter gehört, nicht mehr und nicht weniger.« – Da »zuckt« Lear »aus«.

Und die Berater – Kent, Gloster, der Narr? Sie haben nicht aufgepasst, sie reagieren gar nicht oder zu spät. Sie dachten wohl, mit dieser merkwürdigen Zeremonie sei ihre Aufgabe erledigt. Endlich. Dabei hätten der König und das Reich ihren Ratschlag, ihre Warnung, ihren Einfluss nie dringender benötigt als in den wenigen letzten Minuten der Herrschaft dieses alten Mannes. Die Tragödie beginnt.

Das Schöne – was ist das?

»Schön wie das zufällige Zusammentreffen einer Nähmaschine mit einem Regenschirm auf dem Seziertisch.« – Was für eine Metapher! – Absurd? An den Haaren herbeigezogen? Gewollt exzentrisch? Verrückt? Der Dichter Isidore Lucien Ducasse, bekannt als Comte de Lautréamont, beschwört in seinem Werk *Die Gesänge des Maldoror* mit diesem Bild die außergewöhnliche Schönheit eines jungen Mannes. Das Buch ist erstmals 1874 erschienen, in einem winzigen, unbedeutenden Verlag, da lebte der Verfasser nicht mehr.

Der Dichter Lautréamont starb am 24. November 1870 in Paris. Die Stadt wurde von den preußischen Truppen belagert und ausgehungert. Der Zoo wurde »freigegeben«, das hieß, die Tiere wurden den Fleischhackern zugeteilt, die reichen Pariser und Pariserinnen ernährten sich von Elefantenfleisch und Zebrafleisch, von Affen und Schlangen. Der junge Isidore Ducasse lebte erst seit kurzer Zeit in der Stadt, er war aus Uruguay gekommen, wollte in der glänzenden Metropole Dichter werden, aber ein anderer als die, die er kannte. Er wollte Unerhörtes schreiben. Er wurde krank, der Mann, in dessen Hotel er zuletzt Unterkunft gefunden hatte, erklärte, er sei »am bösartigen Fieber« gestorben – das meinte, er sei verhungert. Nur vierundzwanzig Jahre hatte Isidore Ducasse gelebt.

Die Gesänge des Maldoror beeinflussten wie nur wenige

Werke die Literatur und nicht nur die französische. Für die Surrealisten waren sie das Werk eines Propheten. Der französische Schriftsteller Philippe Soupault entdeckte während des Ersten Weltkriegs in der mathematischen Abteilung eines Antiquariats – zufällig – ein Exemplar und war begeistert. Er gab das Buch André Breton zu lesen, damit begann der Siegeszug dieses unvergleichlichen Werks. Die Surrealisten stellten *Die Gesänge des Maldoror* neben die Poesie von Charles Baudelaire und Arthur Rimbaud. André Gide nannte den Dichter den »Schleusenmeister der Literatur von morgen«. Albert Camus reihte Lautréamont neben Nietzsche und den Marquis de Sade unter »die Vertreter der metaphysischen Revolte, die Söhne Kains«, ein.

Der Inhalt des Buches lässt sich nur schwer zusammenfassen. Maldoror – die aufgehende Sonne des Bösen – ist eine apokalyptische Figur zwischen Engel und Satan, ein Aufrührer gegen Gott und die Menschen. Eine Begegnung mit Gott wird so geschildert:

»Betrunken wie eine Wanze, die während der Nacht drei Tonnen Blut geschluckt hat! (…) Der Mensch, der vorüberging, blieb vor dem verkannten Schöpfer stehen, und unter dem Beifall der Filzlaus und der Otter beschmutzte er das erhabene Gesicht drei Tage lang mit Kot!«

Lautréamonts Plan war, den Gesängen ein Buch über das Gute nachfolgen zu lassen. Gerade das Vorwort hat er verfasst, die *Poésies*.

»Ich ersetze die Schwermut durch den Mut, den Zweifel durch die Gewissheit, die Verzweiflung durch die Hoffnung, die Bosheit durch das Gute, die Klagen durch die Pflicht, die Skepsis durch den Glauben, die Sophismen durch kühlen Gleichmut und den Hochmut durch die Bescheidenheit.«

Die eingangs zitierte Metapher regte Dichter und Philosophen an, sich Gedanken über die Schönheit zu machen. Und nicht nur über Schönheit, sondern darüber hinaus über jenes luftige Gebilde, das wir »Sinn« nennen. Der Gürtel weiß nichts von der Schnalle, die Brille nichts vom Etui. Wir sind es, die ein Zusammentreffen der Dinge organisieren. Die Dinge der Welt sind nämlich nur *für sich*. Die Dinge zueinander in Beziehung zu setzen ist allein unsere Aufgabe. Dadurch erzeugen wir Sinn. Und wenn uns ein Zusammentreffen von verschiedenen Dingen plausibel erscheint, sprechen wir von Schönheit.

Schönheit aber nützt sich ab. Karl Kraus sagte, wer zum ersten Mal *Herz* auf *Schmerz* reimte, war ein Genie, schon wer es als Zweiter tat, ein Trottel. Die Schönheit ist anspruchsvoll, sie verlangt vom Sinn, dass er immer neue Bilder liefert. Lautréamont tat einen großen Schritt in die Freiheit: Die Poesie soll sich um die Plausibilität nicht kümmern. Schön ist, was überrascht. Schön ist, was wir vorher nicht für möglich gehalten haben. Natürlich können wir uns ein zufälliges Aufeinandertreffen einer Nähmaschine mit einem Regenschirm auf dem Seziertisch vorstellen, allzu viel Fantasie ist dazu nicht nötig. Dass wir uns diese Wendung aber einfallen lassen, um die Schönheit eines jungen Mannes zu beschreiben, das ist mehr als ungewöhnlich. Wir sind aufgefordert, uns nicht nur dieses Zusammentreffen vorzustellen, sondern das Schöne in dieser Konstellation zu entdecken – oder zu behaupten. Wobei ich das Schöne erst entdecken muss, um es zu behaupten.

Was ist schön?

Die simple Antwort, Schönheit sei »relativ«, jeder finde etwas anderes schön – nein, diese Antwort hat uns nie befriedigt. Sie ist abgeschmackt. Sie ist die Ausrede jener, denen an Schönheit wenig liegt. Das Wahre, Gute und Schöne – das große Bürgertum des 19. Jahrhunderts hat diese drei zum Ziel und Zweck eines guten Lebens erklärt. Wir können befriedigend definieren, was das Wahre ist; wir wissen, was das Gute ist – und beim Schönen stottern und stammeln wir und reden uns auf den Geschmack heraus?

Was aber ist nun schön? Ich möchte noch einmal Lautréamont zitieren, diesmal die ganze Passage:

»Er ist schön wie die Einziehbarkeit der Fänge von Raubvögeln; oder auch wie die Unsicherheit der Muskelbewegungen in den Wunden der Weichteile in der Gegend des hinteren Nackens; oder noch eher wie diese dauernd wirksame Rattenfalle, die immer vom gefangenen Tier neu gespannt wird, also selbsttätig unendlich Nager aufnehmen kann und sogar unter Stroh verborgen funktioniert; und vor allem wie das zufällige Zusammentreffen einer Nähmaschine und eines Regenschirms auf einem Seziertisch!«

Agatha Christie:
Alibi

Der Detektivroman erzählt von der Auflösung eines Rätsels. Je schwieriger das Rätsel, desto besser der Roman. Wenn das stimmt, ist der beste Detektivroman aller Zeiten *Alibi* von Agatha Christie. Denn niemand – da wette ich meine ehrwürdige Ausgabe der Werke von Dostojewski dagegen –, niemand wird bis knapp vor Ende des Buches draufkommen, wer der Täter ist. Inzwischen weiß man es, und wer es noch nicht weiß, kann im Wikipedia nachschauen, *Alibi* hat einen eigenen Eintrag. Bemerkenswert: Auch wenn man weiß, wer der Täter ist, verliert der Roman nicht an Spannung. Wir genießen – oder erschaudern darüber –, wie geschickt der Täter sich tarnt.

Der Täter ist der Erzähler, Dr. James Sheppard. Der Originaltitel des Romans lautet *The Murder of Roger Ackroyd*.

Nur kurz zur – wie oft bei Agatha Christie – etwas verwirrenden Handlung: Mrs. Ferras stirbt, Gerüchte erzählen, sie habe ihren Mann ermordet, man munkelt, sie habe Selbstmord begangen. Nur einer zweifelt an dieser Version, eben der titelgebende Roger Ackroyd, der die Witwe heiraten wollte. Bald darauf wird auch er tot aufgefunden. Der mit dem Fall befasste Detektiv Hercule Poirot kann beweisen, dass Ackroyd ermordet wurde.

Poirot tritt in dreiunddreißig der sechsundsechzig Romane

von Agatha Christie als Detektiv auf, in *Alibi* erst zum vierten Mal. Mit diesem Roman wurde nicht nur er weltweit bekannt, sondern auch seine Schöpferin. Poirot, übrigens Belgier, muss in diesem Buch eine Niederlage einstecken. Er kommt dem wahren Täter nicht auf die Spur, jedenfalls nicht direkt. Der Täter befindet sich an seiner Seite, er ist bei diesem Fall sein Assistent. Dr. Sheppard geriert sich sozusagen als sein Dr. Watson. In der Tat kam Agatha Christie auf die Idee zu diesem Plot, als ein Freund bei einer heiteren Runde vor dem abendlichen Kamin ganz nebenbei mit dem Gedanken spielte, wie es doch wäre, wenn Dr. Watson, der Freund und Assistent von Sherlock Holmes, dem berühmtesten aller Detektive, eines Tages einen Mord begehe, den sein Freund aufzuklären habe.

In *Alibi* stellte Christie diese Szenerie nach. Sie tut es mit einer scharfsinnigen Raffinesse, die ihresgleichen sucht. Sie legt falsche Spuren, die auch bei mehrmaligem Lesen plausibel erscheinen, sie ist die Großmeisterin der Ablenkung. Die Kritik war – fast – einhellig der Meinung, *Alibi* sei die Apotheose des Detektivromans, alles, was danach komme, müsse sich an diesem Werk messen und werde verlässlich scheitern. Der Erfolg und die literarische Höchstleistung, die sich hier zeigt, belastete die Autorin lange. Sie soll gesagt haben, sie hätte es vorgezogen, dieses Buch wäre ihr letztes gewesen, aber man könne der Inspiration eben leider nichts befehlen. Die Erfolge ihrer anderen Bücher ließen sie diese süße Last schließlich leichter tragen.

Am Ende des Geschehens – es wird in einer Art Tagebuch erzählt – gesteht Dr. Sheppard die Tat. Hercule Poirot könnte ihn als Täter nur durch Ausschließung aller anderen überführen. Mit seinem Geständnis gegenüber dem Leser kommt Dr. Sheppard dem zuvor. In einem Abschiedsbrief kündigt er seinen Selbstmord an.

Natürlich wurde das Buch verfilmt, ebenso fürs Theater adaptiert, außerdem als Hörspiel eingerichtet, und das in einem halben Dutzend verschiedener Sprachen. Agatha Christie war lange Zeit die erfolgreichste Schriftstellerin der Welt – bis sie von Joanne K. Rowling eingeholt wurde.

Dichtung und Wahrheit

Platon mochte die Dichter nicht. Aus seinem Staat wollte er sie verbannt sehen. Merkwürdig genug, dass die Dichter ihm das über die Jahrtausende nicht allzu übel genommen haben. Er, der seine Philosophie vorzüglich in der Form von Dialogen, also in durchaus literarischer Form, ausbreitete, unterstellte den Dichtern, dass sie zu viel lügen. – Aha. – Sie erfinden doch eher. Ist »erfinden« gleichzusetzen mit »lügen«? Und er, Platon, erfindet nicht? Hat Sokrates wirklich so und nicht anders gesprochen? Hatte Herr Platon so ein gutes Gedächtnis oder gab es einen Protokollanten, zum Beispiel beim *Symposion*? Oder argumentiert unser Autor – wie so viele Autoren nach ihm –, es sei vielleicht nicht eins zu eins so gewesen, aber es *hätte so sein können*? Ja, ja, man kann nicht einen längeren Text ganz im Konjunktiv schreiben, schon gar nicht ein Epos oder einen Roman. Niemand würde so etwas lesen wollen. Der Romanautor darf voraussetzen, dass der Leser weiß, dass in dem Text so getan wird, als ob die Geschehnisse und Gespräche wahr wären. Das Als-ob ist das angestammte Terrain des Dichters. Was ist dabei Lüge?

Platons Forderung, die Schriftsteller sollen ausschließlich und genau beschreiben, was ist, und nichts hinzufügen, ist entweder naiv bis dumm oder bösartig, weil er wissen musste, dass diese Aufgabe nicht zu erfüllen ist. Er meinte, die Dichter seien der Menschheit, vor allem der Jugend, moralisch nicht zumutbar. Zum Beispiel hätten sie zu wenig Respekt vor den Göttern. Das war gegen Homer gerichtet. Dieser Erste und Größte ziehe die Olympier herunter auf unser Niveau, er lache über sie. Tatsächlich sprechen wir bis heute vom »homerischen Gelächter«, und dieses erschallt, wie wir wissen, nur dort, wo wenigstens ein Gott in der Runde dabei ist. Homers Himmel war eben Dichtung, eine der schönsten, in Platons Augen und Ohren aber war er freche Dichtung, die, wenn nicht gleich mit dem Tod, so doch mit der Verbannung aus der Gemeinschaft bestraft werden solle, wie er in seiner *Politeia* fordert.

Als Kind erschien mir der Beruf des Schriftstellers als das Höchste, was ein Mensch anstreben kann. Ich hatte keine Antwort, warum das so ist, denn was taten Schriftsteller? Sie erzählten Geschichten oder schrieben Gedichte. Was kann am Geschichtenerzählen so großartig sein, fragte ich mich, das tut meine Familie ununterbrochen. Und Gedichte – ich selber schrieb Gedichte, vorwiegend, wenn mir langweilig war und ich auf etwas wartete, zum Zeitvertreib also. Meine Gedichte gefielen mir, aber überragende Dinge, so dass sie ihrem Erzeuger einen hohen Ruf in der Gesellschaft einbringen konnten, das schienen sie mir doch nicht zu sein, nein, das glaubte ich selber nicht.

Ich war jung in der Zeit nach dem Krieg. Damals galten die Schriftsteller als das Gewissen der Nation, vor allem der deutschsprachigen Nationen, sie waren Helden des Geistes – Heinrich Böll, Gabriele Wohmann, Günter Grass, Ilse Aichinger, Max Frisch, Ingeborg Bachmann. Wie Priestern wurde ihnen begegnet, wie Bischöfen, Kardinälen, weisen Frauen,

Schamaninnen. Ingeborg Bachmann schrieb: »Die Wahrheit ist dem Menschen zumutbar.« Alle nickten, als wäre ein elftes Gebot ausgesprochen worden. Grad, dass man sich nicht hingekniet hat. Und mit welch bezaubernder Leidensmiene dieser Satz vorgetragen wurde! Der Dichter ist groß, weil er an der Menschheit leidet, und zwar an der ganzen. Man münzte den Satz der Bachmann sicherheitshalber nicht nur auf die Bewältigung der Nazivergangenheit, die gerade und zögerlich in Angriff genommen wurde, sondern auf alle Wahrheit.

Also schon wieder die Wahrheit. Diesmal die Wahrheit als ein amorpher Block. Die Wahrheit! Wo wohnt die? Wahrscheinlich oben im Olymp. Wo niemand lachen darf, wie wir seit Platon wissen. Jeder wusste aber auch und jeder weiß, es gibt erstens verschiedene Wahrheiten und zweitens Wahrheiten, die dem Menschen eben nicht zumutbar sind. Aber die Dichterin sprach – *poeta dixit* –, und es war allemal politisch gemütlicher, ihre Sentenz aus dem historischen Kontext zu heben und ins Persönliche zu verschieben: Sag du immer die Wahrheit!

Ja, schon wieder die Wahrheit. Und siehe da, das platonische Weltbild drehte sich um. Zu seiner Zeit waren die Dichter die Garanten der Lüge, zu meiner Zeit waren sie die Garanten der Wahrheit. Was jetzt? Da soll sich einer auskennen.

Trost und Rat finden wir, wie so oft, bei Goethe. Er nannte seine Autobiografie in charmanter Schlichtheit *Aus meinem Leben. Dichtung und Wahrheit.* Das ist ebenso pathetisch wie ironisch. Diese beiden Pole zusammenzuführen, das konnten vor ihm nur Homer und Shakespeare. Lesen wir die Komödie *Wie es euch gefällt* und betrachten die Figur der Rosalinde, so erleben wir eine Menschlichkeit, die sich, fast möchte ich sagen, in einer einzigen Geste vom kleinsten Alltäglichen über clownesken Spott zum Göttlichen entfaltet.

Die deutschsprachigen Nachkriegsdichter befreiten sich von Platons rigidem Wahrheitsanspruch, sie sprachen von Wahrheit und Dichtung. Aber sie stellten Letztere unter das Diktat von Ersterer. Goethe, Shakespeare und Homer gaben der Dichtung den Vorrang. Und das heißt nichts anderes als: Der Mensch erhebt sich mit seinem Geist und seiner Einbildungskraft über alle Gegebenheiten. Unvergleichlich schön hat es der belgische Dichter und Essayist Henri Michaux zusammengefasst, als er schrieb:

»Niemals ist man der Realität gewisser, als wenn sie eine Illusion ist, denn dann ist sie Realität kraft innerer Zustimmung.«

Irgendwann, da war ich immer noch jung, aber schon älter, kaufte ich mir in einer Buchhandlung ein Plakat, auf dem dieser Spruch stand. Viele Jahre hing das Poster innen an der Tür zu meinem Arbeitszimmer.

Frankenstein oder
Der moderne Prometheus

Dieser Roman hat die Populärkultur bis heute tiefer inspiriert als ganze Regale von zeitgenössischer Literatur, die dem Kanon höchststehender Dichtung zugerechnet wird. Als Mary Godwin, spätere Mary Shelley, im Jahr 1816 den ersten Entwurf niederschrieb, war sie gerade einmal neunzehn Jahre alt. Ein Jahr zuvor war der Vulkan Tambora auf Indonesien ausgebrochen, der Staub war bis in die Stratosphäre geschleudert worden, was zur Folge hatte, dass in der nördlichen Halbkugel die Sonneneinstrahlung beträchtlich vermindert war. Den darauf folgenden kalten Sommer verbrachten die Schriftsteller Percy Bysshe Shelley und Lord Byron zusammen mit dem Arzt John Polidori und eben Mary Godwin, Shelleys Verlobter und späterer Ehefrau, und deren Halbschwester Claire Clairmont in einer Villa am Genfersee. Des schlechten Wetters wegen hielten sich die Freunde die meiste Zeit im Haus auf. Gegen die Langeweile veranstalteten sie einen Wettbewerb: Jeder sollte eine Horrorgeschichte schreiben und an den Abenden vorlesen. Die beiden Dichter, immerhin die ersten Protagonisten der englischen Romantik, schnitten dabei am schlechtesten ab. Dr. Polidori, der sich bis dahin noch nie literarisch versucht hatte, verfasste die Erzählung *Der Vampyr*, die erste Geschichte dieses Genres. Mary Godwin schrieb den *Frankenstein*.

Um gleich vorweg einem oft wiederholten Irrtum vorzubeugen: Frankenstein ist nicht das Monster, sondern der Wissenschaftler, der es erschuf, Dr. Viktor Frankenstein. Er forscht an der Universität Ingolstadt und baut dort aus Leichenteilen einen Homunkulus, einen künstlichen Menschen, den er mithilfe eines Blitzes zum Leben erweckt. Das Monster ist zweieinhalb Meter groß, unheimlich und hässlich.

»Ach!«, ruft Dr. Frankenstein aus. »Kein Sterblicher könnte das Grauen dieses Anblicks ertragen. Eine erneut zum Leben erwachte Mumie könnte nicht so entsetzlich sein wie dieser Teufel.«

Der Doktor ergreift die Flucht und überlässt seine Kreatur sich selbst, er flieht nach Hause an den Genfersee, erkrankt an einem Nervenfieber. Er verdrängt, was er getan hat.

Das Geschöpf, nun einsam, ohne jede Orientierung, es ist weder gut noch böse, sondern unschuldig wie ein kleines Kind, irrt durch die Welt, sucht seinen Erzeuger. Es erfährt nur Ablehnung, die Menschen fürchten sich vor ihm, sie sind böse zu ihm. Es lernt, sich selbst zu betrachten: »Alle Menschen hassen das Scheußliche. Wie sehr muss man mich dann hassen, der ich scheußlicher bin als alle lebenden Kreaturen!«

Die Menschen sehen nur das Böse in ihm, und bald sieht auch er nur das Böse in ihnen. Die Unschuld wird schuldig: Das Geschöpf findet seinen Schöpfer. Es tötet Frankensteins Bruder, um ihm heimzuzahlen, was er an ihm, dem Monster, verbrochen hat. Dr. Frankenstein übernimmt wieder keine Verantwortung, er schwelgt in Selbstmitleid, er weiß, wer der Täter ist, lässt aber zu, dass ein harmloses, unschuldiges Stubenmädchen als Mörderin hingerichtet wird.

Die Kreatur hat inzwischen sprechen, lesen und schreiben gelernt. Sie fordert von ihrem Schöpfer, dass er einen zweiten künstlichen Menschen erschafft, eine Frau, die ihm die Einsamkeit nimmt.

Abermals entzieht sich der Wissenschaftler seiner Verantwortung, er tut, als gäbe es das Monster nicht, er ignoriert die böse Wirklichkeit. Er will Ruhe, will ein bürgerliches Leben, will heiraten, will von allem nichts wissen. Voll Hass ermordet das Monster Frankensteins Braut in der Hochzeitsnacht. Daraufhin verfolgt Frankenstein sein Geschöpf. Am Ende treffen sie in der Eiswüste der Arktis wieder aufeinander.

Mit diesem Roman hat Mary Shelley einen neuen Archetypus in die Literatur eingeführt. Sie hat einen Gedanken aus Goethes *Faust* aufgegriffen und ihn zurück- und vorangeführt in einen volkstümlichen Mythos: Der Mensch, der sich über seinen Schöpfer erhebt, indem er sich selbst zum Schöpfer macht. – Und scheitert …

Alter weißer Mann

Ich bin ein alter weißer Mann. Ich kann daran nichts ändern, auch mit dem besten Willen, auch mit der ehrlichsten Selbstverleugnung nicht. Wäre ich ein Schauspieler, dürfte ich den Shylock in Shakespeares *Der Kaufmann von Venedig* spielen? Nein? Warum nicht? Weil ich zwar alt, aber kein alter Jude bin? Dürfte ich den Othello spielen? Natürlich nicht, ich bin ja kein Mann mit schwarzer Hautfarbe. Warum Shakespeare einen alten Juden in dem erstgenannten Stück auftreten lässt, ist klar: Antonio, ein Kaufmann, möchte, um seinem Freund aus einer misslichen Lage zu helfen, Geld ausleihen. Also geht er zum Geldverleiher, und Geld für Zinsen verliehen haben damals nur die Juden. Die Christen durften das nicht. Den Juden dagegen waren fast alle übrigen Berufe verwehrt. Das ist bekannt. Shylock wird von den Bürgern Venedigs, alle christlich, verachtet; er wiederum hasst die Christen, wie die Christen ihn und seinesgleichen hassen. Ist das Stück antisemitisch? Viele sind dieser Meinung. Warum? Weil Shylock rachsüchtig ist? Weil er grausam ist? Unter allen Menschen gibt es rachsüchtige und grausame, nur unter Juden soll es keine geben? Das ist nichts anderes als paradoxer Rassismus. Aber angenommen, *Der Kaufmann von Venedig* wäre tatsächlich ein antisemitisches Stück, sollte es, dürfte es dann – Shakespeare hin oder her – heute noch aufgeführt werden?

Bei Othello ist die Sache noch verwirrender. Der Mann – warum ist er eigentlich schwarz? Was hat sich Shakespeare dabei gedacht? Spielt die Hautfarbe in dem Stück überhaupt eine Rolle? Wird Othello diskriminiert wegen seiner Hautfarbe? Doch wohl nicht. Hätte ihn der Doge sonst zum General, also zum obersten Kriegsherrn der Stadt, ernannt? Über seine Herkunft wird gemunkelt – dass er Desdemona mit fremdartigen Geschichten umgarnt habe, um sie für sich zu gewinnen. Hätte Shakespeare aus dem General einen blonden Schweden oder einen Kaukasier gemacht, er hätte nicht einen Satz ändern müssen. Die Hautfarbe Othellos spielt tatsächlich keine Rolle. Ich glaube, in der bunten Truppe des Theatermannes befand sich zu dieser Zeit ein Schwarzer, und dem hat er eine Rolle auf den Leib geschrieben – weil ein Schwarzer auf der Bühne damals eine Sensation war, und Sensationen konnte der Theaterdirektor William Shakespeare brauchen, denn staatliche Subventionen gab es nicht. Kann sein oder kann nicht sein …

Ich bin ein alter weißer Mann. Niemals hätte ich das Gedicht *The Hill We Climb* von Amanda Gorman ins Deutsche übersetzen dürfen, das die junge schwarze Dichterin anlässlich der Amtseinführung von Joe Biden geschrieben und dann auch vorgetragen hat. Ins Deutsche übersetzt wurde es schließlich von drei Frauen, einer Sachbuchautorin, einer Journalistin und Moderatorin und einer Schriftstellerin, die zwar auch als Übersetzerin tätig ist, allerdings nicht als Übersetzerin von Lyrik. Die Übertragung ist gescheitert. Leider. Dabei glaube ich, sie ist nicht deshalb gescheitert, weil die drei Autorinnen sich über die Maßen bemühten, im weiten Sinn politisch korrekt zu handeln, sondern, weil sie eben keine Poetinnen sind.

Lyrik zu übersetzen heißt: nachdichten. Das Gedicht wurde auch Victor Obiols zur Übertragung ins Katalanische angeboten. Obiols hat zahlreiche Werke von Shakespeare und Oscar Wilde in seine Muttersprache übersetzt und dafür höchstes Lob erhalten. »Ich war begeistert, als ich Amanda Gorman bei der Vereidigung gesehen habe«, erzählte er in einem Interview. »Eine junge schwarze Frau, nach all dem Trumpismus. Fantastisch!« Und er war begeistert, dass die Wahl auf ihn gefallen war. Dann aber wurde ihm der Auftrag entzogen, die fertige Übersetzung wurde abgelehnt – aber nicht aus ästhetischen Gründen. Amanda Gormans amerikanischer Verlag argumentierte, man wolle doch lieber eine Frau als Übersetzerin, möglichst eine Aktivistin. Ein weißer alter Mann könne sich in das Werk einer jungen schwarzen Frau nicht hineinversetzen. Victor Obiols dagegen: Dann hätte er auch nicht Shakespeare übersetzen dürfen, »weil ich kein Engländer aus dem 16. Jahrhundert bin«.

Ich bin ein alter weißer Mann – darf ich hoffen, ungeschoren davonzukommen, wenn ich Mark Twains Roman *Die Abenteuer des Huckleberry Finn* gegen den Vorwurf des Rassismus verteidige, obwohl eine der Hauptfiguren, der entlaufene Sklave Jim, darin unentwegt als »Nigger« bezeichnet wird? War Mark Twain ein Rassist? Könnte sich zum Beispiel Amanda Gorman beleidigt fühlen, wenn sie diesen Roman liest? Sollte man den Roman säubern? Ich möchte darauf hinweisen, dass der Autor einer der ersten und neben seinem englischen Kollegen Sir Arthur Conan Doyle einer der wenigen war, die sich weltöffentlich über das Wüten des belgischen Königs Leopold II. im Kongo empörten. Ihn des Rassismus gegen

Schwarze zu verdächtigen ist nicht nur töricht und höhnisch, sondern zeugt von einer Selbstgerechtigkeit, wie wir sie nur von indolenten Ungebildeten kennen.

Um noch einmal über Othello zu sprechen: Der Philosoph Konrad Paul Liessmann, mit dem befreundet zu sein, ich mich brüsten darf, hat einen interessanten Gedanken in einem Essay ausgeführt: Wie würden wir das Stück heute beurteilen, wenn Othello ein alter weißer Mann wäre – nicht ein Wörtchen des Textes müsste, wie gesagt, verändert werden – und sein Gegenspieler Jago ein junger schwarzer? Lesen Sie das Stück, darum möchte ich Sie bitten! Und dann halten Sie Gewissenserforschung! Jago hasst Othello, der General hat einen anderen vorgezogen, als es darum ging, einen höheren militärischen Posten zu besetzen. Der machtlose Herabgesetzte greift zu dem einzigen Mittel, das ihm bleibt: zur Intrige. Plötzlich sehen wir in ihm nicht mehr das banale Böse, für das der Name Jago steht, sondern einen Rebellen, der sich gegen ein Unrecht zur Wehr setzt ... so könnte das Stück aussehen, wenn wir es im Kopf umschreiben ...

Ceterum censeo: Lesen Sie Shakespeare, Sie ersparen sich viele eigene unangenehme Erfahrungen!

Franz Michael Felder:
Aus meinem Leben

Ich kündige an: Dies ist eine der schönsten Autobiografien, die
es in deutscher Sprache gibt.

Der Dichter, Bauer und Sozialreformer Franz Michael Felder genießt bei uns in Vorarlberg den Ruf eines – viele Worte
habe ich mir überlegt, keines trifft es so gut wie: eines Heiligen.
Alle politischen, religiösen und sonstigen weltanschaulichen
Strömungen versuchen und versuchten immer, ihn für sich zu
vereinnahmen. Er ragt als ein Solitär auf aus unserem Land.

Franz Michael Felder ist am 13. Mai 1839 im hintersten
Bregenzerwald, in Schoppernau, geboren und dortselbst am
26. April 1869 gestorben. Nicht dreißig Jahre alt wurde er.
Und hat so viel geleistet. Er gründete gegen das Monopol der
Großbauern eine Genossenschaft, schrieb drei Romane und
eben seine Autobiografie, und er korrespondierte mit den
großen Geistern seiner Zeit, so mit dem Germanisten Rudolf
Hildebrand, an dessen Großprojekt, der Fortschreibung des
Grimm'schen Wörterbuchs, er mitarbeitete.

Um den Dichter zu verstehen, muss man sich vorstellen, wie er
als Kind gewesen war. Ein kleiner Bub, der sich vor Pferden
fürchtete, der nicht sehen wollte, dass die Kuh seines Vaters,
die er so gern mochte, mit der er sich so oft im Stall unterhal-

ten hatte, auf den Viehmarkt getrieben wurde. Schwer war für ihn zu verstehen, dass Tiere Werkzeuge sind. Man hält sie, um nicht zu verhungern. Er war nicht wie die anderen Buben. Er war zart und auch etwas kurzsichtig. Die Eltern beobachteten mit Sorge den weißen Fleck auf seinem rechten Auge, der größer wurde. Dabei hatte man vor seiner Geburt schon so viele Rosenkränze gebetet, denn das erste Kind der Eltern war dahingestorben. Man brachte den Bub über den Arlberg zu einem Arzt. Der Arzt aber war betrunken, als er sich an das Auge machte. Statt des rechten, kranken Auges nahm der sich das linke vor. Er verdarb das gesunde, es war entstellt und verloren. – Dies erfahren wir aus Felders Autobiografie.

Das Buch *Aus meinem Leben* ist voll unvergleichlicher Zärtlichkeit, voll Liebe zur Landschaft, zu den Menschen und den Tieren, zugleich in schlichter, manchmal schroffer Sprache geschrieben, schonungslos, ohne jeden Anflug von Heimattümelei. Es gibt darin Szenen, die man nie mehr vergisst, weil sie einen so berühren, zugleich aber auch so komisch sind, dass man laut herauslachen möchte. Da macht sich der junge Bursch aus dem hintersten Wald auf den Weg, um nach Bregenz zu wandern. Bregenz – das war für ihn bereits die große weite Welt. Diese Welt, die wahre, war dort, wo es viel zu lesen gab. Wo es vielleicht eine Bibliothek gab oder sogar ein Geschäft, in dem man Bücher kaufen konnte. Der Franz Michael hatte gespart. Und dann kommt er zu Mittag in das Dorf Alberschwende, das liegt auf halbem Weg. Er hat Hunger und geht in ein Gasthaus. Und siehe da, ein Wunder! Hier sind sogar die Tische mit Lesbarem belegt! Wie wird es erst in Bregenz sein! Ja, der Wirt hat die Tische anstatt mit Tüchern mit ausgelesenen Zeitungen abgedeckt. Für den jungen Felder aber ist es, als habe er gerade die große weite Welt betreten.

Aus meinem Leben ist aber auch das Dokument einer Liebe. Anna Katharina, genannt Nanni, war Felders Frau, sie brachte fünf Kinder zur Welt, viel zu früh starb sie. In seiner Verzweiflung und Trauer setzte sich der Mann in den Nächten an den Küchentisch und schrieb seine Erinnerungen nieder – um seiner Frau nahe zu sein. Er überlebte sie gerade um sieben Monate.

Im Jahr 1985 erschien eine Neuauflage des Buches mit einem Vorwort von Peter Handke. Handke war es auch, der das Werk von Franz Michael Felder für eine Übersetzung ins Französische empfahl. In den Kritiken wurde das Buch neben sein Vorbild, nämlich die gleichnamige Autobiografie Goethes, auf eine Stufe gestellt.

Die Anwälte

Mein Freund Hans Theessink, der wunderbare Gitarrist, Sänger und Songwriter, und ich, wir haben vor einiger Zeit im Gläsernen Saal des Wiener Musikvereins zusammen einen Abend gestaltet. Hans hat ausgewählte Songs gespielt und gesungen, ich habe erzählt. Das Thema des Abends hieß: »Indianer«.

Ich habe von Crazy Horse erzählt und von Geronimo, von Sitting Bull und Sequoyah, dem Erfinder der Cherokee-Schrift, und von anderen Helden. Hans wählte dazu aus dem großen Schatz der amerikanischen Songkultur entsprechende Lieder aus. Wir haben uns sorgfältig auf diesen Abend vorbereitet. Nach der Veranstaltung sprach mich eine Frau an. Sie war empört. Nicht weil sie mit der Art unseres Vortrags nicht einverstanden gewesen wäre, sondern wegen eines einzigen Wortes. Wir hatten einen Begriff verwendet, den man nicht mehr verwenden darf: »Indianer«. Ich fragte die Frau, wie ich hätte sagen sollen, damit sie zufrieden wäre. – Indigene. Ureinwohner Nordamerikas. Native Americans. – Ich sagte, das klinge aber nicht schön. Sie sagte, darauf komme es bei Gott nicht an. Der Begriff »Indianer« sei diskriminierend, herabsetzend, rassistisch, das wisse inzwischen jeder. Dieses Wort nämlich sei eine Fremdbezeichnung. Die indigenen Völker Amerikas hätten sich selbst nie so bezeichnet. Das Wort verletze die Würde dieser Menschen.

Das wollte ich nicht, sagte ich. Im Gegenteil. Ich dachte, wenn ich aus der Geschichte dieser Menschen erzähle, trage ich ein bisschen dazu bei, ihnen die Würde zurückzugeben, die ihnen in Kriegen und nicht nur in Kriegen genommen worden war. Diese Absicht, sagte die Frau, hätte ich zerstört, indem ich das böse Wort verwendete. Und weil ich dieses böse Wort verwendet hätte, glaube sie mir auch die gute Absicht nicht. Aber das müsse sie, flehte ich halb, halb empörte ich mich. Ob sie mir denn nicht zugehört habe.

Das ging eine Zeitlang hin und her. Allmählich wurde ich wütend, zwei Dutzend Besucher unserer Veranstaltung standen um uns herum. Ich fragte die Frau, ob sie sich mit den Ureinwohnern Nordamerikas beschäftigt habe, was sie über die Native Americans wisse – außer, dass sie korrekterweise »Native Americans« genannt würden. Ein Anwalt müsse sich doch über seine Klienten kundig machen, und sie stelle sich mir als Anwältin vor. Wenn mein böses Wort schon eine Fremdbezeichnung sei, ob sie dann wisse, wie sich diese Menschen selbst bezeichnet hätten und immer noch bezeichnen. Wer zum Beispiel die Tseycum seien. Oder die Dakota oder die Irokesen oder die Saponi. Die Apachen werde sie wohl dem Namen nach kennen. Aber ob sie außer Cochise noch von einem anderen Apachen-Häuptling wisse, Winnetou allerdings gelte nicht. Ob sie wisse, was genau ein Pueblo sei. Ob sie wenigstens imstande sei, zwei Stämme aufzuzählen, die zu den Cheyenne gehören. Was sie über die Hopi sagen könne.

Sie wusste nichts. Gar nichts. Sie wusste nur, dass ich unrecht hatte. Ich fragte sie, wie viele verschiedene Sprachen »dieser Menschen« sie beim Namen kenne. Keine einzige kannte sie. Diese Fragen hatten sie nie interessiert. Ihr Engagement spielte sich auf einer höheren Ebene ab.

»Ich muss nicht«, sagte sie, »jeden einzelnen Menschen auf dieser Welt kennen, um behaupten zu dürfen, dass die Würde eines jeden Menschen unantastbar ist.«

Da musste ich ihr recht geben.

Als sie schon drei Schritte von mir entfernt war, rief ich ihr nach: »Wissen die Mitglieder der Native Americans, dass Sie ihre Anwältin sind?«

Das war ziemlich schwach von mir. Und eigentlich auch gehässig. Sie ging weiter, ohne mir zu antworten. Ich ärgerte mich – über die Frau, mehr noch über mich selbst.

Ich will hier nicht darüber mutmaßen, welche Wörter korrekt sind und welche nicht und warum. Ich möchte mir darüber Gedanken machen, wie ist es, wenn sich jemand ohne Auftrag zu einem Anwalt eines anderen macht? Es ist gut, ja, es ist gut. Es gibt und gab immer Menschen, die können und konnten sich nicht wehren – gegen Ungerechtigkeit, gegen Ausbeutung, gegen Vergewaltigung, gegen Raub und gegen Demütigung. Und sie hatten nicht einmal die Möglichkeit, um einen Anwalt oder eine Anwältin zu bitten oder gar einen Beistand zu fordern. Und es gibt und gab immer wieder Menschen, die – unaufgefordert – Hilfe geben und gaben.

Dennoch – und nun spreche ich als mein eigener Anwalt – bin ich skeptisch, wenn jemand von der Würde des Menschen und ihrer Unantastbarkeit spricht und meint, mit dem bloßen Aussprechen dieser beiden hehren Worte habe er seinen Dienst an der Gerechtigkeit abgeleistet.

Den Menschen im Allgemeinen gibt es nur in der Einbildung, als etwas Abstraktes, als ein Prinzip, als ein Gedanke. *Der Mensch im Besonderen* aber hat einen Namen, er hat eine ganz spezielle Geschichte, er ist böse und gut manchmal in ein und derselben Handlung. Er ist es wert, dass wir uns in die Niedrigkeit seines Alltags begeben. Dass wir mit ihm essen und trinken. Dass wir uns seine Witze anhören und seine Witze weitererzählen, wenn sie gut sind. Und wir haben das Recht, uns die Nase zuzuhalten, wenn er stinkt. Er lässt sich nicht deklarieren wie seine abstrakten Rechte. Man muss sich schon die Mühe nehmen, ihn anzusehen und anzuhören. Man muss von ihm erzählen, man muss sich seine Lieder anhören. Und es schadet auch nichts, wenn wir seine Lieder singen. Lassen wir uns von Anwälten, die hurtig zu den Gipfeln der Abstraktion hüpfen, nicht einreden, das sei »kulturelle Aneignung« und böse. Wer je Hans Theessink gehört hat, der weiß, dass die Schönheit seines Gesangs und seines Spiels die vornehmste Form von Respekt ist.

Nach unseren Auftritten gehen wir meistens noch in ein Beisl und essen Würstel mit Senf und Kren und trinken ein Bier. Diesmal trank ich drei Gläser Bier, große, und war betrunken. Und wir sangen – grad extra! – das Lied von Peter La Farge über Ira Hayes:

> Gather 'round me people
> There's a story I would tell
> 'Bout a brave young Indian
> You should remember well.

Call him drunken Ira Hayes
He won't answer anymore
Not the whiskey drinking Indian
Or the marine that went to war.

Marlen Haushofer:
Die Wand

Wir kennen ihren Namen nicht. Sie sagt: »Ich.« Mit wem spricht sie? Sind wir es? Wir Leser sind gewohnt, wenn in einem Roman eine Figur in Ich-Form erzählt, dann wendet sie sich direkt an uns. »Ich« hat »Du« nötig. In diesem Roman ist es nicht so. Die Erzählerin spricht zu sich selbst. Von Anfang an. Das bewirkt, dass wir uns ausgeschlossen fühlen. Es ist die große Kunst der Marlen Haushofer, die uns daran hindert, das Buch aus der Hand zu legen. Im Gegenteil: Wir lesen wie ein Süchtiger, wie eine Süchtige. Ich habe die knapp 300 Seiten in eineinhalb Tagen gelesen.

Die Erzählerin macht zusammen mit ihrer Cousine und deren Mann einen Ausflug in die Berge. Dort steht eine Hütte, die recht gut ausgestattet ist, dort wollen die Freunde ein Wochenende verbringen. Mit von der Partie ist ein Hund. Am ersten Abend gehen alle zusammen in eine nahe Gaststätte, es wird gemütlich und lustig. Alles sieht nach einer Idylle aus. Es ist eine Idylle. Es wäre eine Idylle, wenn nicht – wenn nicht dieser Erzählton uns vor etwas Unheimlichem warnte. Dieser autistische Tonfall. Am Morgen wacht die Erzählerin auf und ist allein, allein mit dem Hund. Wo sind die anderen? Vielleicht haben sie einen Morgenspaziergang unternommen, Sonnenaufgang betrachten. Nein. Das Unheimliche steigt auf wie ein Nebel. Die Erzählerin macht sich auf die Suche nach den beiden. Den Hund nimmt sie mit. Es ist der Hund des verschwundenen Paares. Er kennt die beiden gut, er wird sie finden. Und dann geschieht es: Frau und Hund durchstreifen die Schlucht auf einem schmalen Weg, plötzlich jault der Hund auf. Seine Schnauze ist blutig. Er hat sich gestoßen. Wo? Da berührt die Frau eine Wand. Aber da ist keine Wand. Sie tastet. Es ist, als wäre die Wand aus Glas. Unsichtbar. Sie tastet weiter. Die Wand zieht sich durch das Gelände. Wir ahnen: Die Wand schließt einen großen Teil der Gegend ein. Den Teil, in dem sich die Frau befindet. Sie ruft. Bekommt keine Antwort. Sie schaut durch ihren Feldstecher. Sie sieht »drüben« einen Mann, der scheint damit beschäftigt zu sein, Wasser zu schöpfen. Aber was heißt »beschäftigt«? Er bewegt sich nicht. Er ist starr. Wie ein Stein. Alles, was lebt – was gelebt hat –, ist »drüben« erstarrt. Tot. Sie, die Frau mit dem Hund, sie ist verschont worden.

Sie richtet sich ein. Sie ist durch die unsichtbare Wand geschützt, aber die unsichtbare Wand hält sie auch gefangen. Nachdem sie die Vorräte verzehrt hat, beginnt sie, Früchte und Beeren zu sammeln, sie legt einen Garten an, Tiere laufen ihr zu, eine Katze, eine Kuh. Sie richtet sich ein, und eigentlich ist sie zufrieden, vielleicht sogar zufriedener, als sie je war. Wie Robinson Crusoe baut sie eine neue Welt, ihre eigene Welt, in der nur sie ist, ihre eigene Zivilisation, in der nur sie die Gesetze macht. Mensch und Tier leben zusammen in Frieden.

Eines Tages begegnet die Frau einem Mann. Sie kommt von einem Streifzug zurück, er ist in ihre Welt eingedrungen. Sie sieht, wie er einen jungen Stier, den ihre Kuh zur Welt gebracht hat, mit einer Axt erschlägt. Sie erschießt den Mann. Kein Showdown. Der Mord geschieht wie nebenbei. Die Frau hat sich der Menschenwelt entwöhnt. Ganz und gar. Sie will und braucht keinen anderen Menschen mehr. Das Ende bleibt offen.

Dieser Roman hat Marlen Haushofer berühmt gemacht. Wobei der große Ruhm erst nach ihrem Tod einsetzte. In Frankreich war der Roman lange Zeit ein Kultbuch, viel diskutiert. Im Kanon der Klassiker der Moderne hat es einen festen Platz.

Kunst ist Als-ob

Daidalos war der berühmteste Erfinder der Antike. Lange hielt die Göttin Pallas Athene ihre Hand über ihn. In seiner Jugend aber war er Bildhauer gewesen. Er baute Menschen nach. Die stellte er in Athen auf den Marktplatz. Dann hat er gehorcht, was die Leute sagen. Sie sagten: »Diese Figuren, die sehen fast so aus, als ob sie lebten. Fast!«

Das »Fast« machte ihn zornig und das »Als-ob«. Er forschte und experimentierte und kam drauf: Die Bewegung fehlt. Da hat er aus seinen Figuren Maschinen gemacht. Nun bewegten sie sich.

Und was geschah? Nichts geschah. Die Leute sagten: »Man hat schon lange nichts mehr von Daidalos gehört. Was macht er? Macht er noch etwas?«

Seine Figuren, die sich auf dem Marktplatz von Athen bewegten, sahen aus *wie* lebendige Menschen. Niemand konnte sie von wirklichen Menschen unterscheiden, niemand hat sich um sie gekümmert. Niemand dachte: Als ob sie lebendig wären. Alle glaubten, sie seien es.

Das ist interessant!

Es ist besonders interessant, wenn wir uns vor Augen halten, was ein Landsmann von Daidalos, nämlich Aristoteles, über die Kunst sagte: Sie solle die Natur nachahmen. Je genauer die

Kunst die Natur nachahme, desto besser sei sie. Daraus darf ich schließen, dass die beste Kunst jene ist, die der Natur so ähnlich sieht, dass sie sich nicht mehr von ihr unterscheiden lässt. Diese Kunst aber wird – wie die Anekdote über Daidalos erzählt – nicht mehr als solche wahrgenommen. – Wenn das kein Dilemma ist!

Man wird darauf antworten, inzwischen strebt die Kunst nicht mehr danach, die Natur nachzuahmen, schon lange tut sie das nicht mehr. Am deutlichsten wird das bei der abstrakten Kunst, ein später Kandinsky hat mit der Natur gar nichts mehr zu tun und ein Joan Miró auch nicht und Jackson Pollock erst recht nicht. Darauf wiederum ließe sich entgegnen, das alles war einmal, die wirklich modernen Wege der Kunst – so modern, dass sie sich sogar über die Bezeichnung »Kunst« erheben – werden nicht mehr von der Malerei oder – um bei der Daidalos-Geschichte zu bleiben – der Bildhauerei gewiesen, sondern von der KI, der künstlichen Intelligenz, und ihren schier unglaublichen Möglichkeiten. Diese Artefakte erzeugen eine Naturgleichheit, die hinter den Meldungen unserer Sinnesorgane über die »wirkliche« Natur nicht zurücksteht. Jenseits der »wirklichen« Natur schaffen sie eine Natur in unserem Kopf.

Im Jahr 1964 erschien der Science-Fiction-Roman *Simulacron-3* des amerikanischen Schriftstellers Daniel Francis Galouye – aus heutiger Sicht eine geradezu unglaubliche Vision, wenn man bedenkt, dass zu dieser Zeit die meisten Menschen, zumal in Europa, von der Existenz der Computertechnologie nicht nur wenig, sondern gar nichts wussten. Die Geschichte ist verstörend: Der Betreiber eines Marktforschungsinstituts lässt einen Riesencomputer bauen, der in der Lage ist, eine Großstadt bis ins Detail zu simulieren. Das sind Tausende Bewohner, die so umfassend präzise gestaltet sind, dass sie ein eigenes Bewusstsein entwickeln. Dieses Bewusstsein sagt ihnen, dass sie lebendige Menschen sind. Sie bluten, wenn sie gestochen werden, sie lachen, wenn man sie kitzelt, sie sterben, wenn man sie vergiftet, und wenn sie beleidigt werden, rächen sie sich. Sie leben wie wir. Der Protagonist der Geschichte, der Direktor des Instituts, der diese simulierte Welt lenkt, entdeckt, dass auch er und alle Menschen, die ihn umgeben, dass seine ganze Welt ebenso wenig real ist, sondern von einer noch höheren Realität aus programmiert wurde und gelenkt wird.

Kann ein »Mensch«, der diese Einsicht gewonnen hat, noch ein Mensch sein? Die Frage ist paradox und absurd. Kann in dieser Welt überhaupt von Kunst und Realität gesprochen werden? Sind beide gleich oder sind beide nicht? – Fünfunddreißig Jahre vor dem Kultfilm *Matrix* wurde dieser Roman geschrieben!

Daniel Francis Galouye spielt auf das Höhlengleichnis von Platon an, dem Lehrer von Aristoteles: Menschen sitzen in einer Höhle, sie können ihre Köpfe nicht bewegen, hinter ihnen brennt ein Feuer, zwischen ihnen und dem Feuer bewegen sich Figuren, die Figuren werfen Schatten an die Wand vor den Menschen, und die Menschen halten die Schatten für die Realität. Die Wahrheit liegt hinter ihnen, außerhalb der Höhle, in der Sonne. Um sie zu sehen und zu erkennen, müssten die Menschen nicht nur die Höhle, sondern auch ihre liebgewonnene und bequeme Unwahrheit verlassen. Das schmerzt. Das schmerzt in den Augen und in der Seele.

Heute ist die künstliche Intelligenz zwar noch nicht genügend gerüstet, um ein Simulacron wie das von Daniel Francis Galouye zu erschaffen, aber wir nähern uns an. Wenn es wahr ist, dass, was wir Natur nennen, in unserem Kopf entsteht und sonst nirgends, dann sind die Bilder der KI nicht nur ähnlich der Natur, sondern identisch mit ihr und somit nach Aristoteles allerhöchste Kunst. – *Simulacron-3* wurde 1973 – fast fünfundzwanzig Jahre vor *Matrix* – von Rainer Werner Fassbinder in zwei Teilen fürs Fernsehen verfilmt, unter dem Titel *Welt am Draht*.

Mein Freund Hubert Dragaschnig, Pate unseres Sohnes Lorenz, Regisseur, Schauspieler und Direktor des *Theater Kosmos* in Bregenz, bewarb sich einst, da war er wenig über zwanzig, um Aufnahme bei der Hochschule für Angewandte Kunst in Wien, und zwar in der Klasse von Professor Oswald Oberhuber. Bei der Aufnahmeprüfung sollten er und die anderen Kandidaten ein möglichst realistisches Selbstportrait abliefern. Wie sie das anstellten, war ganz ihnen überlassen. Hubert konnte nicht zeichnen, und er sah, wie gut es die anderen konnten, und verzweifelte. Da bemerkte er, dass an der Wand ein leerer Bilderrahmen lehnte, 30 cm breit, 50 cm hoch. Den nahm er, stellte sich vor die Klasse und hielt ihn sich vors Gesicht. Realistischer geht es nicht. Prof. Oberhuber hat ihn auf der Stelle als seinen Schüler genommen. Die anderen Kandidaten waren fassungslos. Das sei ja nur er selbst! Ja. Das einzig Artifizielle war der Rahmen. Der Rahmen tat, *als ob* Kunst wäre, was er umfasst. Und weil die kürzeste Definition von Kunst »Als-ob« lautet, war es Kunst.

Wilhelm und Jacob Grimm:
Kinder- und Hausmärchen

Das vergisst man leicht oder weiß man nicht: Die Brüder waren erst Anfang ihrer Zwanziger, als sie mit dem Sammeln der Märchen begannen. Das Buch der Deutschen, das in der Welt bis heute die größte Verbreitung findet, war ein Jugendwerk. Die Sammlung hat einen Boom ausgelöst, nicht nur in Deutschland, in ganz Europa, schließlich auf der ganzen Welt. Überall haben Forscher und Dichter begonnen, Märchen und Sagen zu sammeln und zu veröffentlichen – nach dem Vorbild der Brüder Grimm. Märchen zu sammeln war eine Mode der Romantik. Nicht nur gesammelt wurden Märchen, auch gedichtet. Zugleich hat diese Mode die Wissenschaft der Völkerkunde – heute sprechen wir von Ethnologie – erst so richtig in Fahrt gebracht. Wie denkt das Volk, wie empfindet das Volk?

In diversen Vor- und Nachworten beteuerten Wilhelm und Jacob Grimm immer wieder, sie seien in ihrer Arbeit erstens streng wissenschaftlich vorgegangen, zweitens hätten sie nichts Eigenes den Geschichten hinzugefügt, sie hätten dem Volk nicht unbedingt aufs Maul, aber in die Seele geschaut. Nichts davon ist wahr. Den heutigen Anforderungen an eine wissenschaftliche Sammlung wären Jacob und Wilhelm ganz gewiss nicht gerecht geworden. Sie haben genommen, wo sie gefunden haben, willkürlich und ohne System. Sie haben sich französischer Sammlungen ebenso bedient wie italienischer, eine Märchenfrau haben sie gründlich ausgefragt, das ist richtig, hauptsächlich aber haben sie ihre Freunde gebeten, ihnen Material zu schicken.

Das Originelle an ihrer Sammlung ist der Tonfall. Wenn wir heute Märchen lesen oder selbst Märchen erzählen, dann verfallen wir in ebendiesen. Es ist, als wären Märchen seit Anbeginn auf diese Weise erzählt worden – »Es war einmal …«, »… und wenn sie nicht gestorben sind, dann leben sie heute noch.« So ist es aber nicht. Andere Märchensammlungen aus dieser Zeit klingen ganz anders, für unsere Ohren altmodisch und oft unerträglich süßlich. Der Sound der *Kinder- und Hausmärchen* ist das Werk von Wilhelm Grimm, er war der Dichter, sein Bruder Jacob der Wissenschaftler.

Aber nicht nur für den Ton, auch für den Inhalt ist Wilhelm oftmals verantwortlich, von wegen »treu dem Volk abgelauscht«. Ein Beispiel: In der den Brüdern zugetragenen Fassung vom *Rumpelstilzchen* springt das Männlein am Ende aus dem Fenster, nachdem die Königstochter seinen Namen genannt hat. Es ruft: »Das hat dir der Teufel gesagt!«, und läuft davon. In der Grimm'schen Fassung gerät das Rumpelstilzchen außer sich vor Wut, es stampft so fest mit einem Bein auf, dass dieses bis zum Knie in den Boden gerammt wird. Daraufhin packt es sich selbst am zweiten Bein und reißt sich in der Mitte auseinander. Was für ein Bild des Jähzorns! – Eine Erfindung von Wilhelm Grimm.

Die *Kinder- und Hausmärchen* haben zu Lebzeiten der Brüder etliche Auflagen erlebt, reich geworden sind die Brüder nicht. Es ist und bleibt die schönste Sammlung dieses Genres.

Kinder wie Erwachsene lassen sich verzaubern. Aber worin liegt dieser Zauber? In unvergleichlicher Weise werden in den Geschichten Idylle und Grauen zusammengeführt, und zwar dergestalt, dass das eine als die Kehrseite des anderen erscheint. Die Musik der Erzählung versetzt uns in einen beinahe somnambulen Zustand, sie wiegt uns und tröstet uns und schafft zugleich eine Distanz zum Geschehen, die trotz aller moralischer Aussagen uns befreit, als wären wir während der kurzen Zeit, in der wir zuhören, aus dem Netz der Sitten und Gebräuche, der Vorurteile und Urteile erlöst. Nein, Märchen sind keine behübschende Sache allein für Kinder.

Ding und Unding

Ich habe stumme Gesellschaft gefunden. Wie Millionen andere Menschen habe ich auf YouTube Lehrgänge absolviert: Wie baut man eine Gitarre? Wie renoviert man eine verrostete Axt? Wie restauriert man die geliebten alten Schuhe? Wie bastelt man aus Plastikflaschen, Fahrradreifen, Büroklammern brauchbare Dinge? Wie schleife ich meine Messer richtig? Ich gebe zu, ich bin begeistert. Nicht selten saß ich bis spät in die Nacht vor meinem Laptop. Die schlauen Damen und Herren, die mir mit ihren Videos diese Freude bereiteten, leben auf der ganzen Welt verstreut, sie sprechen Sprachen, von denen ich keine Ahnung habe – ich verstehe sie dennoch. Warum? Die Beiträge sind als Stummfilme gestaltet. Sie haben eine eigene neue, unvergleichliche Ästhetik. Irgendwann, da bin ich mir sicher, werden darüber Dissertationen geschrieben, in Ausstellungen wird man ausgewählte Beiträge besichtigen können. Es werden keine mündlichen oder schriftlichen Bastelanleitungen gegeben, die Bilder erklären alles. Vom Akteur oder der Akteurin sieht man meistens nur die Hände. Ja, ich denke, daraus ließe sich eine neue Art der Kunst kreieren, eine Wiederentdeckung und Erneuerung des klassischen Stummfilms.

Charlie Chaplin war lange überzeugt, der Tonfilm würde sich nicht durchsetzen, und als er es dann doch tat, meinte er, das werde wieder vorübergehen, Produzenten und Publikum würden einsehen, dass der Film eine Kunstform ist, die man nicht auf eine Sprache einengen soll, sei's Englisch oder Deutsch, Spanisch oder Russisch. Zum ersten Mal ließ er in dem Film *Modern Times* eine menschliche Stimme erklingen, sehr sparsam vorerst, und er spielte auch mit Geräuschen, zum Beispiel in der lustigen Szene, in der Charlie neben einer vornehmen Dame sitzt, die mit Bauchgurgeln kämpft. Fast könnte man meinen, er hat sich über den Ton im Film lustig gemacht. Für Chaplin war der Film in erster Linie nicht eine Weiterführung des klassischen Bühnendramas, also der Literatur, er sah die Stammwurzel des Films in der Fotografie und der Malerei. Schon in seiner frühen Jugend, als er in der Theatertruppe des legendären Fred Karno auftrat, brillierte er als Pantomime. Er brauchte keinen Text, ebenso wenig, wie die Mona Lisa von Leonardo da Vinci einen Text braucht. Kintopp, das sind Bilder, die sich bewegen, und nicht Münder, die sprechen, soll er gesagt haben. Der Stummfilm wird auf der ganzen Welt verstanden, vorausgesetzt, die Schauspieler können ihre Mimik und Gestik so einsetzen, dass Gesprochenes überflüssig wird. Der Film und die Musik sind universale Künste. Einen Sprech-Film in andere Sprachen zu übersetzen und die Worte einem anderen Schauspieler in den Mund zu legen wäre ihm als eine Absurdität erschienen. Noch heute drehen die großen Studios in Amerika lieber einen Film nach, als dass sie einen fremdsprachigen synchronisieren. *The Great Dictator* war der erste Film, den Chaplin als Tonfilm inszenierte. Er wollte damit einen Beitrag im Kampf gegen Hitler und den Nationalsozialismus leisten und war wohl zu der Auffassung gelangt, dies könne allein mit der Kraft der Bilder nicht geschafft werden. Die großartigsten Szenen aber sind stumm. Denken wir an jene, als Hannah beim Friseur, gespielt von Chaplin, sitzt, sie ist verliebt, er ist verliebt, sie unterhalten sich, während er sie einseift und rasiert. Oder die vielleicht berühmteste Szene, als der Diktator Hynkel, ebenfalls gespielt von Chaplin, mit der Weltkugel jongliert, einem Luftballon, bis der schließlich zerplatzt.

Chaplin behielt nicht recht, und als er das einsah und beim Tonfilm mitmachen wollte, wurden seine Filme – nein, schlecht wurden sie nicht, aber längst nicht mehr so gut wie die alten.

In den Filmen auf YouTube – die meisten sind nicht länger als zehn Minuten, manche aber auch eine Stunde oder mehr – begegnete mir etwas Neues. Nämlich die Emanzipation der Dinge. Schon vor über dreißig Jahren konstatierte der Medienphilosoph Vilém Flusser, dass die Undinge in unserem Leben die Dinge zu verdrängen beginnen.

Die Dinge, deren Aufgabe es gewesen war, eine stabile Umgebung für uns Menschen zu schaffen; die uns Partner waren – oder Widersacher, etwa in den frühen Filmen von Charlie Chaplin, eigentlich in den meisten Slapstick-Komödien –, die Dinge sind nicht mehr eigenständig, sie sind nicht mehr, was sie sind, sie werden zu bloßen Trägern von Informationen. Sehr deutlich wird diese »Entseelung« der Dinge, wenn sie in einem 3-D-Drucker hergestellt werden. Das ist kein Ding mehr, das ist die materialisierte Idee eines Dings – Flusser nennt dieses Gebilde »das Unding«, er war ein Visionär, den 3-D-Drucker gab es damals noch nicht.

In den erwähnten Filmen auf YouTube gewinnen die Dinge ihre eigentliche Bestimmung zurück, ihre Würde. Sie sind die Hauptdarsteller. Die Hände, die sich an ihnen zu schaffen machen, sind Komparsen. Da fällt einem ein, was man schon fast vergessen hat, nämlich dass die Würde der Dinge in ihrer Schönheit liegt. Eine Idee kann nur in einer Metapher als schön bezeichnet werden, denn Schönheit appelliert an unsere Sinne; eine Idee riecht nach nichts, schmeckt nach nichts, man kann sie nicht hören, und ein Angesicht hat sie auch nicht.

Ich schaue mir an, wie ein unansehnliches Ding – mit Fantasie kann man eine Schere erkennen – restauriert wird, wie erst der Rost abgebürstet, dann das blanke Metall herausgeschliffen, wie der Bolzen zwischen den Schenkeln erneuert wird, mit Mühe und Sorgfalt, mit Liebe. Ich sehe kundige Hände, die halten nach einer halben Stunde eine blinkende Schere in die Kamera. Das ist keine perfekte Schere, ich erkenne die Schrunden, es sind die Altersfalten des Metalls – das Ding ist schön.

Sicher haben sich die Hände einige Tage um das Ding bemüht. Im Internet bestellt, hätte eine neue Schere nur wenige Euro gekostet. Aber darauf war es nie angekommen.

Raymond Roussel:
Locus Solus

Ich verspreche Ihnen: Sie werden in Ihrem Leben kein vergleichbares Buch lesen. Es ist das seltsamste Werk, von dem ich weiß, und glauben Sie mir, das Wort »seltsam« verwende ich nur, wenn etwas wirklich seltsam ist.

Martial Canterel, ein reicher, vielseitig gebildeter und ausgebildeter Mann, lädt eine Gruppe von Interessierten ein, seinen privaten Park – Locus Solus – zu besichtigen. Der Roman ist die Beschreibung dieses Parks und seiner Exponate.

Ich gebe ein Beispiel: An einer lauschigen Stelle befindet sich ein Mosaik, das eine mythologische Szene darstellt. Die einzelnen Mosaikteilchen sind weiß, gelb, braun, einige rötlich, einige schwarz, selten grünlich. Zusammen ergeben sie einen angenehmen Farbton, eine nostalgisch anmutende Patina. Beim näheren Hinsehen entdeckt der Betrachter, es handelt sich gar nicht um Mosaiksteinchen, sondern – um Zähne. Zähne in verschiedenen Tönungen. Canterel war vor vielen Jahren eine Zeitlang Zahnarzt gewesen, und er hat Zähne gesammelt. Später hat er sich der Wissenschaft zugewandt, der Mathematik, der Ingenieurskunst und auch der Meteorologie. Seine Ambition war, eine bis in den sanftesten Windhauch, den kleinsten Sonnenfleck, die geringste Temperaturschwankung genaue Wettervorhersage zu entwickeln. Nach aufwändigen Studien ist ihm dies, dank seines außergewöhnlichen Geistes, gelungen. Um den Beweis anzutreten, hat er einen Ballon gebaut und ihn mit einem Mechanismus ausgestattet, der auf jeden Windhauch, jeden Sonnenstrahl, jeden Wolkenschatten reagiert. Wenn die Sonne scheint, erhebt sich der Ballon, ein Windhauch bewegt ihn, wenn eine Wolke vor die Sonne tritt, senkt sich der Ballon ab. Unten am Ballon ist ein Greifer angebracht, der, wenn er den Boden berührt, aufnimmt, was dort liegt, oder abgibt, was er trägt. Canterel hat die Bewegungen des Ballons millimetergenau und über Wochen hinweg berechnet und an all jene Stellen, wo der Greifer greift, Zähne in bestimmten Farben gelegt. Ebenso hat er berechnet, wo der Greifer die Zähne ablegt – nämlich an jenem Ort, wo das Mosaik mit der mythologischen Szene entstehen sollte. – Das Buch ist voll von ähnlichen Geschichten, vorgetragen in einem wissenschaftlich anmutenden Ton. Die Lektüre nimmt uns den Atem, und wenn wir das Buch zwischendurch zuklappen, zwicken wir uns, weil wir meinen, geträumt und im Traum das Werk eines Außerirdischen gelesen zu haben.

Raimond Roussel war – wieder muss ich das Wort verwenden – ein seltsamer Mensch. Er war Millionenerbe, lebte zurückgezogen, empfing so gut wie nie Gäste und litt unter einem Sauberkeitswahn. Ein Hemd musste nach einmaligem Tragen verbrannt werden, ein Anzug nach fünfmaligem Tragen. Er war wie sein fiktiver Held sehr an technischen Dingen interessiert, konstruierte das erste Wohnmobil. Sein Chauffeur fuhr ihn durch halb Europa, er saß hinten in dem üppig ausgestatteten Raum – bei zugezogenen Vorhängen. Sein Vorbild war Jules Verne, dem er einmal begegnet war und ihm die Hand gegeben hatte – einen Monat lang wusch er danach seine Hand nicht mehr.

In seinem Testament gab Roussel das Rätsel seines Schreibens preis: Er suchte, schrieb er, zwei ähnlich oder gleich klingende Wörter oder Sätze grundverschiedenen Inhalts, diese bildeten die Eckpunkte, sie miteinander zu verbinden war die Erzählung. Ich will ein Beispiel im Deutschen geben: Ich spiele mit einem Feuerzeug, während ich mit Ihnen spreche, Sie bitten mich, das zu lassen, es hemme unser Gespräch. Beim Verabschieden sagen Sie, ich solle mein Feuerzeug nicht vergessen. Ich sage: »Es ist nicht mehr mein, seit ich weiß, es hemmt.«

»Seit ich weiß, es hemmt« klingt wie »seidig weißes Hemd«, meint aber Grundverschiedenes. Die Verbindung der beiden Wendungen soll eine Geschichte ergeben. Nach diesem Prinzip hat Raymond Roussel alle seine Romane geschrieben, anders konnte er nicht. Die Surrealisten verehrten ihn wie einen säkularen Heiligen, Michel Foucault schrieb ein ganzes Buch über ihn.

Zeit und Ziel

Als Dreizehnjähriger glaubte ich, das Problem der Zeit benennen zu können. Ich war nicht so eloquent, aber nicht weniger gedankentief als der große Augustinus. Ich sagte: Wenn die Zeit aus Vergangenheit, Zukunft und Gegenwart besteht, kann es sie nicht geben. Denn die Vergangenheit ist *nicht mehr*, die Zukunft ist *noch nicht*, und die Gegenwart ist der ausdehnungslose Punkt zwischen den beiden, auch sie gibt es also nicht. Dennoch wusste ich, dass es die Zeit gibt.

»Wenn niemand mich danach fragt, weiß ich es; wenn ich es einem Fragenden erklären will, weiß ich es nicht.« Schreibt Augustinus im elften Buch seiner *Confessiones*. So eine Kapitulation aus dem Mund eines Philosophen ist beschämend und unbefriedigend – aber ehrlich. Deshalb behilft sich Augustinus mit einem Joker: Er bringt die Seele ins Spiel.

Zunächst reduziert er die drei Zeiten auf eine Zeit und nennt drei verschiedene Aggregatzustände. Er spricht von der Gegenwart des Vergangenen, von der Gegenwart des Gegenwärtigen und der Gegenwart des Zukünftigen. Die Vergangenheit existiere als Erinnerung *(memoria)*, die Gegenwart als Anschauung *(contuitus)*, die Zukunft als Erwartung *(expectatio)*. Und schreibt: »Diese drei Zeiten sind gewissermaßen in der Seele da; anderswo aber sehe ich sie nicht.«

Als Vierzehnjähriger erfuhr ich »am eigenen Leib«, dass

Zeit zwar gemessen werden kann und dabei immer herauskommt, dass eine Stunde eine Stunde mit sechzig Minuten und sechzig mal sechzig Sekunden ist, dass aber das Empfinden von Zeit etwas anderes sagt. Dass die Zeit also eine Funktion meiner Seele ist. – Ich war verliebt.

Mit sechzehn kamen mir all diese Gedanken merkwürdig dumm vor. Merkwürdig deshalb, weil ich damals erfuhr, dass andere vor mir schon Ähnliches gedacht hatten, nämlich Männer, die als dumm zu bezeichnen ich mich nicht traute. Ich las die entsprechenden Stellen bei den entsprechenden Männern nach. Ich begann an der Philosophie zu zweifeln.

Wenn Augustinus fragt: »Wohin geht die Gegenwart, wenn sie Vergangenheit wird?«, dann wagt keiner aufzumucken. Erstens stellt diese Frage Augustinus, zweitens liegt sie nahe. »Wo ist die Vergangenheit? Wohin ist sie gekommen?« Zweifel bekam ich, weil diese Frage eine Frage nach einer Örtlichkeit ist, also nach einer Art Depot, wo Zeit gelagert wird. Das schien mir dumm. Es wird so getan, als ob Zeit ein Gegenstand wäre. Das ist sie aber ganz offensichtlich nicht. Habe ich Augustinus bei einem Blödsinn erwischt?

Während meines Studiums kam mir die Idee, Augustinus' Fehler und mein Fehler bestünden darin, die Gegenwart als einen Schnittpunkt auf einer Geraden zu sehen, als einen euklidischen Punkt – was sie ja ist, vorausgesetzt, die Zeit als ganze ist tatsächlich eine Linie, wofür einige Überlegungen und einige Erfahrungen sprechen, wofür es aber keinen Beweis gibt. Es könnte aber ein Fehler sein, etwas Nicht-Bewiesenes an den Ausgangspunkt einer Beweiskette zu setzen.

Die Zeit muss eine Richtung haben. Die Entropie ist dafür

ein Indiz. Es ist oft beobachtet worden, dass ein Teller vom Tisch fällt und zerspringt, nie jedoch, dass sich ein zersprungener Teller vom Boden erhebt und als ganzer auf dem Tisch landet. Auch glaubte ich es als bewiesen ansehen zu dürfen, dass ich irgendwann einmal jünger war.

Als ich mich berufsbedingt halbe Tage lang mit dem Bauen von Sätzen beschäftigte, wurde mir klar, wo der Hund der Zeit begraben liegt. Nämlich in der Sprache und ihrer zwanghaften Bildhaftigkeit. Die Metapher hat uns fest im Griff, Tag und Nacht, Wort für Wort. Und schon dieser Satz, der eben noch Gegenwart war, nun aber bereits vergangen ist, bestand aus Metaphern. Und das Wort »bestehen« ist eine Metapher. So. Vergeht. Die. Zeit. Wohin geht sie, wenn sie vergeht? Was bedeutet »vergehen«? Wenn sie irgendwohin geht, hat die Zeit dann ein Ziel?

Friedrich Dürrenmatt:
Das Versprechen

Den alten Film – *Es geschah am hellichten Tag* – kennen alle, den neueren – *The Pledge* – immer noch viele; im alten spielt Heinz Rühmann den Guten und Gert Fröbe den Bösen, im neuen sehen wir Jack Nicholson, einen bösen Gegenspieler gibt es nicht.

Irgendwann wurde in den Detektivromanen etwas anders, das hat schon sehr früh begonnen, aber irgendwann war es augenfällig: Der Plot war nicht mehr so wichtig, die Handlung zeigte oft grobe logische Fehler, was niemanden störte, Geschehnisse waren ohne Ursache und blieben ohne Folgen. Aber der Detektiv, der Kommissar, der Inspektor, sie traten in den Vordergrund, ihre psychische Verfassung war interessanter als die ihrer Gegner, interessanter als der Fall selbst. Nun gut, wird einer sagen, auch Hercule Poirot in den Romanen von Agatha Christie war ein schrulliger Kerl, der unsere Aufmerksamkeit auf sich gezogen hat, und Kommissar Maigret von Georges Simenon fesselte uns als Person mehr als seine Fälle. Ja schon, sage ich, aber immer kam es in erster Linie auf den Fall und die Lösung an. Der Detektiv, so dominierend er auch sein mochte, gewann seine Berechtigung erst mit der Lösung des Falles. Bei Dürrenmatt erleben wir zum ersten Mal einen Kriminalfall, der nicht in seiner Auflösung mündet.

Bald schon geben wir uns geschlagen und warten gar nicht mehr auf eine Antwort, wer denn der Täter sei. Wir sehen, wie ein Mann, der Kommissar, an den Geschehnissen zerbricht, und es ist ein langsames Zerbrechen.

In einem Schweizer Kanton wird ein kleines Mädchen ermordet, der Hals wird ihm durchgeschnitten. Kommissar Matthäi ist zutiefst erschüttert, er verspricht der verzweifelten Mutter, »bei meiner Seligkeit«, den Mörder zu finden. Man greift schon bald einen Hausierer auf, alles scheint gegen ihn zu sprechen, er erhängt sich in der Zelle. Für Matthäis Kollegen ist dies ein klares Schuldeingeständnis. Er aber glaubt nicht daran. Er will sich nicht zufriedengeben. Er hat versprochen. Bei seiner Seligkeit. Er will den vermeintlichen Mörder in eine Falle locken. Er pachtet eine Tankstelle und bezahlt eine Frau dafür, dass sie ihm den Haushalt macht und zu ihm in das Haus bei der Tankstelle zieht. Die Frau hat er ausgesucht, weil sie eine Tochter im gleichen Alter des ermordeten Mädchens hat, die beiden sehen einander zudem ähnlich. Matthäi glaubt Indizien zu haben, die darauf hinweisen, dass der Mörder immer wieder an dieser Tankstelle vorbeifährt.

Im alten Film stellt Heinz Rühmann schließlich den mörderischen Psychopathen – eine düstere Glanzrolle für Gert Fröbe. In Dürrenmatts Erzählung wird der Täter nie gefasst. Sean Penn, der Regisseur der amerikanischen Verfilmung aus dem Jahr 2001, hält sich eng an Dürrenmatts Vorlage. Jack Nicholson wird – wie Matthäi im Buch – verrückt, ein armer, von allen bemitleideter Trinker, der wartet und immer noch wartet.

Dürrenmatt hat seine Geschichte in eine Rahmenerzählung eingefasst. Ein Krimiautor hält einen Vortrag über seine Arbeit, hinterher spricht ihn ein gewisser Dr. H. an. Er sagt: »Die Wahrheit wird seit jeher von euch Schriftstellern den dramaturgischen Regeln zum Fraße hingeworfen.« Die Autoren würden dem Zufall in der Welt zu wenig Raum lassen. Logisches Denken sei bei der Lösung eines Kriminalfalles zwar wichtig, aber lange nicht alles. Dr. H. nimmt den Schriftsteller in seinem Wagen mit, sie fahren aus der Stadt hinaus – an einer Tankstelle vorbei. Dort sitzt ein alter Mann, »verblödet, erloschen«. Einst, sagt Dr. H., sie der dort der beste Mann im Kommissariat gewesen.

Das Gegenteil aller Wünsche

Was für ein Leben! Unvorstellbar! Und damit meine ich, auch mit dem größten Aufwand an Einbildungskraft kann ich mir dieses Leben nicht vorstellen – jedenfalls nicht, als wäre es das meine.

Ich spreche vom Leben meiner Großmutter. Sie stammte aus Coburg, dieser reizenden Stadt in Franken mit ihren mittelalterlichen Gässchen, dem barocken Marktplatz und dem Schloss, das ein wenig an Buckingham Palace erinnert und erinnern sollte, schließlich war Albert von Sachsen-Coburg und Gotha der Gemahl der englischen Königin Victoria gewesen. Zwei Kriege haben im Leben meiner Großmutter stattgefunden, zwei Weltkriege. Der von 1914 bis 1918, bei Ausbruch war sie sechsundzwanzig Jahre alt, war also nicht erst im Aufbruch zu ihrem Leben begriffen, hatte sich bereits eingerichtet, hatte ein bisschen etwas Eigenes, hatte einiges zu verlieren – und verlor viel. Musste mit dreißig noch einmal von vorne beginnen. Die folgenden einundzwanzig Jahre waren nicht gemütlich, waren nicht sicher, Hunger herrschte eine Zeitlang, und Ausblick auf eine gute Zukunft gab es nicht. Dann der zweite Krieg. Waren im ersten die deutschen Städte verschont geblieben – nicht die Gliedmaßen der Soldaten, nicht die Seelen –, wurde nun am Ende so gut wie alles in Schutt und Asche gebombt. Dabei hatte meine Großmutter noch Glück: Coburg war verschont geblieben – »Die Engländer«, pflegte sie zu sagen, »bombardieren Verwandtschaft nicht.« Ihre Angehörigen und Freunde in Nürnberg, Würzburg, Schweinfurt hatten dieses Glück nicht. Die Nürnberger nannten ihre Stadt »das Adolf-Hitler-Gebirge«. Weil da nur noch ein Haufen Geröll und Brocken war. Ein bisschen Erspartes war meiner Großmutter geblieben und Mut – nicht der Mut der Verzweiflung oder sonst ein Mut, sondern der, wenn es sonst nichts mehr gibt außer ihm. Das Ersparte hat die Währungsreform weggefressen. Und dann wurde ihre Tochter, meine Mutter, krank und brauchte Hilfe. Also zog meine Großmutter nach Österreich, wohin es meine Mutter verschlagen hatte durch Heirat – »Ich bin eine Kriegsbeute«, sagte sie lachend. Sechzehn Jahre lang wohnte unsere Oma bei uns.

Sechzehn Jahre lang hegte und pflegte sie ihre beiden Koffer, einen großen und einen kleinen. Im kleinen bewahrte sie ihre Dokumente auf und den lieben Krimskrams – neben anderen Dingen einen Flachmann mit Kognak, alte Fotos, eine vergoldete Brosche, ein Leinensäckchen mit einem Dutzend Muscheln, einige zerbrochen, einen Waschbeutel, eine Blechdose, in die immer wieder Schokolade nachgefüllt wurde, Schweizer Schokolade, diverse Rosenkränze und eine Ausgabe von *Pinocchio*. Im großen Koffer war ihre Wäsche, duftend nach Lavendel. Natürlich wäre ihr ein Kleiderkasten zur Verfügung gestanden. Der blieb leer. Meine Großmutter weigerte sich, ihre Dinge irgendwo anders aufzubewahren als in ihren beiden Koffern.

Sie wollte jederzeit bereit sein. Sie wollte nicht aufbrechen, ganz bestimmt nicht, aber sie wollte bereit sein, wenn es wieder so weit sein sollte. Sie traute der Zeit nicht, sie vertraute dem Frieden nicht. Der Friede war die Ausnahme. Mein Vater, als ganz junger Mann selbst Teilnehmer des zweiten Krieges, predigte ihr von der neuen Zeit, die eine durch die drohende Anwesenheit der Atombombe sichere Zeit sei. Er entwarf vor ihr und seiner Familie die Vision einer nun wirklich guten Zukunft. Es geht aufwärts! Mein Vater glaubte an die Vernunft, und die Vernunft ist oben, zu ihr hin geht es aufwärts. Und der Weg nach oben war mit Zeugen des Wohlstands markiert. Letztes Jahr hatten wir noch keinen Kühlschrank, heuer haben wir einen. Nächstes Jahr werden wir einen Staubsauger haben und dann eine Zentralheizung und dann irgendwann auch ein Auto und vielleicht, wer weiß, ein Telefon. Mein Vater konnte meine Großmutter nicht überzeugen. Ihre Sachen blieben in den zwei Koffern.

Einmal im Jahr lüftete sie aus. Da wurde die Wäsche gewaschen, auch wenn sie noch ganz frisch war, sie wurde in die Sonne gehängt und gebügelt und mit Eau de Cologne besprüht. Der Krimskrams wurde auf dem Esstisch ausgelegt und abgestaubt und abgewischt, obwohl kein Stäubchen daran heftete. Meine Großmutter hielt Inventur. Merkwürdig ist, dass zu den Dingen keine neuen hinzukamen. Alles, was sie besaß, stammte aus der untergegangenen Zeit. Sie hatte Heimweh – ein vertikales Heimweh, so nenne ich es, Heimweh nicht nach Coburg, dorthin fuhren wir jedes Jahr zu Ostern, es war Heimweh nach der verlorenen Zeit, nach der verlorenen Welt, Heimweh nach dem Coburg vor den beiden Kriegen. Dieses Weh konnte von niemandem beruhigt und durch nichts gelindert werden.

Ich liebte die Koffer meiner Großmutter. Wenn sie »Inventur« hielt, legte ich mich in den großen. Noch passte ich hinein, nächstes Jahr, wenn der Staubsauger in unserem Haushalt angekommen sein wird, würde ich nicht mehr hineinpassen. Ich klemmte zwischen die beiden Hälften zwei Paar zu Knäueln gestülpte Strümpfe und lag zusammengerollt auf dem duftenden Kofferboden und erträumte mir eine abenteuerliche Reise. So einer wollte ich sein: Einer, der aus dem Koffer lebte. Einer auf Reisen. Einer, der keines Nestes bedürftig war. Einer, der immer all das Seine bei sich hatte. Vergeblich wünschte ich mir zu Weihnachten und zu meinen Geburtstagen einen Koffer. »Warum willst du einen Koffer?«, wurde ich gefragt. Damit ich ein Leben führen kann wie meine liebe Oma, hätte ich antworten können. Aber ich wusste ja selber, dass von diesem Leben zwei Weltkriege abgezogen werden müssten, um daraus eines zu machen, wie ich es mir in meinen Abenteuerfantasien vorstellte und wünschte. – Ich lag im Koffer und schlief ein. Irgendwann setzte sich meine Großmutter neben mich und klopfte an den Kofferdeckel, als ob sie eintreten wollte. Ich erwachte und ließ mich mit Schokobröcklein aus meinem Paradies locken.

Was ist Krieg? Diese Frage ist doch nur dann interessant und weckt nur dann interessante Diskussionen, wenn er weit zurückliegt oder weit weg stattfindet. Wenn er da ist, gibt es darauf nur eine Antwort: Krieg ist das Gegenteil aller Wünsche.

Mr. Tambourine Man

Das hat Wellen geschlagen: Als am 13. Oktober 2016 die Sprecherin der Schwedischen Akademie vor Journalisten bekanntgab, dass der Nobelpreis für Literatur an Bob Dylan vergeben wird. Hurtig sind – vor allem einige deutschsprachige – Kritikerinnen und Kritiker in den nächstgelegenen Sender gelaufen, um zu verlautbaren, hier liege ein Missverständnis vor, Bob Dylan sei doch Musiker und Sänger – als ob wir das nicht auch vorher schon gewusst hätten. Sogar Peter Handke, der Nobelpreisträger des Jahres 2019, hat sich erstaunt geäußert; er schätze den Sänger zwar sehr, der sei aber doch eigentlich kein Dichter. Nicht? Bob Dylan wurde für seine Lyrik geehrt.

Lyrik leitet sich von der Lyra ab, und diese war ein Musikinstrument, zu dem gesungen wurde, aus ihr hat sich im Laufe von ein paar tausend Jahren die Gitarre entwickelt. Eigentlich bedarf die Lyrik also der Musik. Der Song, der im Werk von Bob Dylan seine schönste Ausformung findet, verbindet die antike Auffassung von Lyrik mit der modernen. Dass ausgerechnet er den Nobelpreis bekommen hat, ist gewiss kein Missverständnis, sondern auch eine Ehrung der ältesten literarischen Form und zugleich Rückbesinnung auf ihre musikalischen Wurzeln.

Dylans Texte sind oft leicht und geradlinig, manchmal werden einfache Geschichten erzählt, manche muten an wie ein komprimierter Western, so *John Wesley Harding* oder *The Man in the Long Black Coat.* Andere Songs wiederum sind schwer zu entschlüsseln und laden Hörer und Leser zu Interpretationen ein, die dann so verschieden ausfallen, wie eben die Interpreten verschieden sind.

Mr. Tambourine Man gehört zu den rätselhaftesten Texten von Bob Dylan. Wer ist der, der hier besungen wird? Naheliegend sei, meinen die einen und bringen Biografisches ins Spiel, es handle sich um einen Drogendealer. Dylan habe zu dieser Zeit mit Marihuana und LSD experimentiert. Einige Textzeilen enthielten deutliche Hinweise – zum Beispiel: »Let me forget about today until tomorrow« oder »And take me disappearing through the smoke rings of my mind«. Tatsächlich hat Dylan zu jener Zeit Songs geschrieben, die unverstellt auf seine Drogenerfahrungen anspielten, wie *Rainy Day Women #12 & 35.* Es gibt aber auch religiöse Deutungen des Textes. Mr. Tambourine Man sei entweder ein Schutzengel oder gleich Gott persönlich. Andere betonen das Mythische und finden Motive von Sagen und Legenden, Mr. Tambourine Man sei der Tod, sie führen als Indiz zwei Zeilen aus dem Refrain an: »Hey, Mr. Tambourine Man, play a song for me / In the jingle jangle morning I'll come following you.«

Ganz sicher inspiriert zu dieser Figur hat der Abenteurer und Gitarrist Bruce Langhorne, mit dem Dylan einige Male im Studio zusammengearbeitet hatte. Dylan habe den Song in einer Nacht niedergeschrieben, nachdem ihm Langhorne sein Leben erzählt hatte. Es sei als eine Art Spottlied gedacht gewesen. Langhorne: »Dylan hatte einen wunderbaren Sinn für Humor und das Gespür dafür, wie viel Leine man den

Leuten lassen muss, damit sie sich damit selbst aufhängen können.«

Wie auch immer – der Song ist nie zu Ende gehört, auch wenn er tausend Mal abgespielt wird. In Verbindung mit Dylans Stimme und seiner Musik bleibt er ein Rätsel, das uns berührt. Gerade in den tiefsten Augenblicken, eben wenn wir in uns selbst hineinschauen und nicht gewiss sind, ob wir einen Abgrund oder frühe Dämmerung vor Augen haben, können wir uns im Einklang fühlen mit diesem großen Kunstwerk, das gerade einmal 5 Minuten und 26 Sekunden dauert.

Blumfeld, ein älterer Junggeselle

Dass Kafkas Erzählungen eine Fortschreibung der Geschichten des Alten Testamentes in unsre Zeit seien, hat man biswei-
len schon gehört, und damit war vorgegeben, mit welcher
Miene wir diesen Autor lesen sollen: mit einer ernsten Miene –
nämlich mit der Miene, mit der wir in Abgründe schauen. Und
dann erfahren wir, dass Kafka im Freundeskreis beim Vorlesen seiner Erzählung *In der Strafkolonie* in solches Gelächter
ausbrach, dass er nicht weitermachen konnte. Manchmal muss
der Mensch gerade beim Schrecklichsten lachen. Vielleicht
aber sind Kafkas Geschichten, auch die über die Strafkolonie,
tatsächlich einfach komisch – was nicht heißt, dass Komisches
nicht auch Tiefe haben kann.

Das Tragikomische sei das Schwerste in der Kunst. Lesen
wir die Geschichte *Blumfeld, ein älterer Junggeselle*: Ein Herr
geht über viele Stufen in seine Wohnung, er trägt sich mit dem
Gedanken, sich einen Hund anzuschaffen, oben an der Tür
sagt er sich, das sei nichts für ihn. Und da erwarten ihn in seiner Wohnung zwei Tischtennisbälle aus Zelluloid, sie hüpfen
auf und ab, klack-klack, klack-klack. Immer sind sie hinter
ihm, sie folgen ihm, wohin er auch geht. Erst versucht er sie zu
fangen, bald gewöhnt er sich an sie. Er schiebt ihre »Zerstörung« vor sich her, er wird es tun, »gewiss, und zwar in aller-
nächster Zukunft«. Nur nicht jetzt gleich.

In der Nacht hüpfen sie unter seinem Bett. Das stört ihn, klack-klack, klack-klack. Er legt einen Teppich aus. Nun hört er sie nicht mehr. Aber er weiß, sie sind da. Am nächsten Morgen das Problem schlechthin: Blumfeld muss ja zur Arbeit, er ist Angestellter in einer Wäschefabrik, er ist zuständig für die Abfertigung und die Bezahlung von Heimarbeiterinnen, eine Respektsperson ist er. Wie würde es aussehen, wenn er in der Firma erscheint, und hinter ihm hüpfen zwei Bälle! Man würde ihn dafür verantwortlich machen, sicher würde er entlassen werden. Er beschließt, die Dinge zu überlisten. Er quetscht sich in den Kleiderkasten, tut, als ob er etwas suche – wer weiß, vielleicht sind die Zelluloidbälle ja mit Intelligenz ausgestattet und durchschauen seine Absicht –, er wartet, bis sie wieder hinter ihm hüpfen, dann schlüpft er flink heraus aus dem Schrank und macht die Tür hinter sich zu. Am Abend aber lässt er die Bälle frei. Warum? Er hat sich an sie gewöhnt.

In einem der folgenden Tage bekommt er im Geschäft zwei junge Praktikantinnen zugeteilt ... irgendwie benehmen sie sich wie die beiden Bälle ...

Unvermittelt bricht die Geschichte ab. Die professionellen Literaturkenner meinen, sie sei ein Fragment, Kafka habe das Interesse an ihr verloren oder aber er habe sie nicht mehr vollenden können. Ich meine, es war Absicht. Kafkas Dramaturgien lassen sich nicht mit eingelernten Standards erfassen. Erschienen ist die Erzählung erst nach seinem Tod.

Der Einbruch des Absurden, des komisch Unheimlichen in die Wirklichkeit geschieht plötzlich und unerwartet – warum sollte die Rückeroberung der Wirklichkeit durch das Wirkliche nicht ebenso unerwartet und plötzlich geschehen? Aber das Wirkliche ist, wie wir aus einer anderen Erzählung Kafkas wissen – der kürzesten, genannt *Die Bäume* –, nur scheinbar das Wirkliche, und auch das Scheinbare, »sogar das ist nur scheinbar«. Dazwischen steht, liegt, sitzt, geht, rennt der Mensch – unbeholfen tapfer wie der Tramp von Charlie Chaplin –, ein Narr in der Welt, komisch und tragisch zugleich. Die Erzählungen von Franz Kafka geben über diesen Narren Auskunft, so gründlich, als existierten unter uns nur solche. Diese Einsicht wäre doch tröstlich.

Mein Recht

Die Justiz ist ein weites Feld, auf dem ich stehe wie das Kind vor der Welt. Ich sehe sie als einen Monolithen, monochrom, opak, eine Kugel, auf der kein Punkt dem Kern näher ist als jeder beliebige andere.

Ich glaubte lange, über eine Wahrheit zu verfügen, der ich zutraute, mich die Justiz verstehen zu lehren: Das Recht sei die praktische Anwendung der Gerechtigkeit. Anwälte erschienen mir, vergleichbar mit Mathematikern, als eine Art Zwischenwesen, Übersetzer des Idealen in das Reale oder – wenn schon, denn schon: des Göttlichen in das menschlich Irdische.

Bereits der erste Anwalt, dem ich in meinem Leben begegnete – ein ehemaliger Hippie, der hauptsächlich kleine Dealer vor Gericht vertrat –, machte einen Strich durch diese Rechnung. Er lachte, als ich ihm meine Meinung über seinen Beruf sagte; es war ein zorniges, resigniertes, am Unverstand verzweifelndes Lachen.

»Recht und Gerechtigkeit«, antwortete er, »haben nichts miteinander zu tun. Und wenn du einem Kollegen begegnest, der das behauptet, glaub ihm ja nicht!« Solche Kollegen seien Schlitzohren, vor denen ich mich hüten solle; sie wüssten, dass Menschen in Bedrängnis, und nur mit solchen hätten sie es zu tun, eher bereit seien, Geld hinzulegen, wenn ihrer Sache ein transzendenter Glanz verliehen würde; und um nichts anderes handle es sich bei solchen hehren Begriffen. Die Gerechtigkeit sei eine Idee, das Recht ein Schriftstück. Ideen seien billig, Schriftstücke nicht.

Fiat iustitia, et pereat mundus. – Gerechtigkeit soll geschehen, auch wenn die Welt darüber zugrunde geht.

Schriftsteller, vielleicht alle Künstler, lassen sich allzu bereitwillig vom Ideal verführen. Den Mangel an Wirklichkeit in ihrem Leben versuchen sie durch ein Übermaß an Idee und Bedeutung zu kompensieren. Sie sind im Grunde Nihilisten, die ein Nichts beschwören, das – wenn schon, denn schon – so rein sein solle, dass es die Realität in den Schatten stellt.

Eine erste – tiefe – Auseinandersetzung mit der Justiz lieferte mir tatsächlich die Literatur: *Michael Kohlhaas* von Heinrich von Kleist. Der Protagonist dieser Erzählung – einer der brillantesten in deutscher Sprache – kämpft erst für sein Recht, und als er dieses – weil er keinen anständigen Anwalt zur Seite hat? – nicht bekommt, entrollt er das Banner der Gerechtigkeit. Für die Gerechtigkeit ist er bereit, sein eigenes Leben zu geben und fremdes Leben zu nehmen. Um der Gerechtigkeit willen brennt er ganze Städte nieder. Dabei ging es um nichts anderes als um ein paar Pferde, die er untergestellt und für deren Verpflegung er bezahlt hatte und die ihm ausgehungert und durch schwere Arbeit geschunden zurückgegeben wurden. Wir kennen die Geschichte.

Kleist stellt seinen Helden schon in den ersten Zeilen als einen »der rechtschaffendsten zugleich und entsetzlichsten Menschen seiner Zeit« vor; und reißerisch, wie nur er es konnte, raunt er: »Die Welt würde sein Andenken haben segnen müssen, wenn er in einer Tugend nicht ausgeschweift hätte. Das Rechtsgefühl aber machte ihn zum Räuber und Mörder.«

Merkwürdig! Hatten wir, die wir im zweitausend Jahre lang gereiften christlichen schlechten Gewissen erzogen wurden, nicht immer geglaubt, Tugend mit Maß führe in den Himmel, Tugend über das Maß hinaus erzeuge Heilige? Kleist zeigt uns, was ein Heiliger ist: ein Fanatiker, ein Fundamentalist – eben einer, wie er selber einer war.

Es ist die Geschichte einer Demütigung. Aufgeklärt angewandtes Recht, ausgefochten von einem klugen, das heißt kompromissbereiten Anwalt, hätte vielleicht eine Abschlagszahlung gebracht; das brennende Herz des Kohlhaas hätte es aber nicht zu löschen vermocht. Also wird ein hehrer Begriff vorgeschoben. Gerechtigkeit meint Rache.

»Es ist besser, es geschehe dir Unrecht, als die Welt sei ohne Gesetz. Deshalb füge sich jeder dem Gesetz!«
Goethe, *Maximen und Reflexionen*

Meine erste tatsächliche Begegnung mit einem Anwalt ließ mich in fassungsloser Empörung zurück. Ich war als Zeuge vor Gericht geladen. Ausgestattet mit dem Selbstbewusstsein dessen, der genügend amerikanische Gerichtsfilme gesehen hat, um die Sache angesichts des Richters in ein unanzweifelbares, weil richtiges Licht zu setzen, betrat ich das Gerichtsgebäude – und verließ es mit ähnlichen Gefühlen wie Michael Kohlhaas.

Worum ging es? – Ich war zusammen mit einem Freund und einer Freundin in der Nacht im Auto unterwegs gewesen, da hatte eine Frau uns aufgehalten; sie war nicht in der Lage zu sprechen, ihr Gesicht war blutig, ein Ohrring war ausgerissen. Wir nahmen sie ins Auto; als sie endlich sprechen konnte, erzählte sie, ihr Mann habe sie verprügelt. Wir brachten sie ins Krankenhaus, riefen noch in der Nacht einen Anwalt an; die Frau übernachtete bei unserer Freundin; am nächsten Tag erstattete sie Anzeige. – Ich freute mich, als ich ein paar Wochen später einen Brief vom Gericht bekam, worin stand, ich müsse als Zeuge erscheinen. Ich fühlte mich als Retter.

Mit nicht mehr als einem halben Dutzend Fragen demontierte mich der Anwalt des Mannes. Woher ich wisse, dass die Wunden der Frau von Schlägen herrührten. Das war eindeutig, sagte ich. Ob ich Arzt sei. Bin ich nicht, sagte ich. Ob ich Erfahrungen mit verprügelten Frauen habe. Ob ich selbst Frauen prügle. Ich wandte mich an den Richter, wollte sagen … wurde vom Richter aufgefordert, die Frage des Anwalts zu beantworten … bekam einen Wutanfall, wurde vom Richter ermahnt und entlassen …

Viel später traf ich den Anwalt, der mir diese Demütigung zugefügt hatte, bei einer Lesung. Er war ein sympathischer, bescheidener Mann, gebildet, an Literatur interessiert, an Kunst interessiert. Ich erzählte ihm, wie es mir damals ergangen sei.

»Ja«, sagte er, »Recht und Gerechtigkeit – ich würde mich irgendwann gerne länger mit Ihnen darüber unterhalten. Die Justiz ist ein weites Feld.«

Er gab mir seine Karte. Und seine Hand. Und zitierte aus

Goethes *Maximen und Reflexionen*. Ich nahm die Karte und die Hand.

Von meinem dritten Kontakt mit einem Anwalt möchte ich nicht berichten. Ich fürchte, er könnte mich verklagen ...

Robinson Crusoe

Jeder kennt ihn – auch jene, die weder das Buch gelesen haben, in dessen Kern er als eine von nur zwei Personen auftritt, noch wissen, wie sich sein Erfinder schreibt. Das ist der Traum eines jeden Autors: dass er und sein Buch hinter der Figur verschwinden. Das hat sonst nur Shakespeare mit *Romeo und Julia* geschafft, vielleicht noch Jonathan Swift mit *Gullivers Reisen*, Edgar Rice Burroughs mit *Tarzan* und irgendwie auch Goethe mit seinem *Faust*. Aber keine dieser Figuren hat sich von ihrem Schöpfer so radikal emanzipiert wie der einsame Mann auf der Insel. Fragen Sie einen halbwegs literarisch Gebildeten, welches andere Werk von Daniel Defoe er kennt, und beruhigen Sie ihn gleich, er brauche sich nicht zu schämen, wenn er mit der Schulter zucke und antworte: keines.

Das Buch ist 1719 erschienen und wurde gleich zu einem Erfolg, wie ihn die englischen Verlage nie erlebt hatten. Die Vorgaben der Handlung sind, das war zu dieser Zeit üblich, im ausführlichen Titel angegeben:

Das Leben und die ungewöhnlichen und überraschenden Abenteuer des Seemannes Robinson Crusoe aus der Stadt York, der durch einen Schiffbruch, bei dem alle außer ihm ums Leben kamen, an Land gespült wurde und achtundzwanzig Jahre auf einer unbewohnten Insel an der Küste von Amerika lebte, samt einer Aufzeichnung, wie er endlich durch Piraten befreit wurde.

Nach ersten Tagen der Verzweiflung rettet Robinson aus dem Wrack alles, was irgendwie zu gebrauchen ist. Er macht sich kundig, stellt fest, dass er auf einer Insel lebt. Er beginnt sich in der Einsiedelei einzurichten. Weil er nicht weiß, ob er allein ist, baut er sich eine Festung. Er fängt und züchtet Ziegen. Er findet zu Gott, jeden Tag liest er in einer vom Wasser aufgequollenen Bibel, die er in dem zerstörten Schiff gefunden hat. Schließlich trifft er auf einen Eingeborenen, der von seinen Leuten als Menschenopfer ausgewählt worden war und fliehen konnte. Robinson nennt den Mann nach dem Kalendertag, an dem sie einander gefunden haben: Freitag.

Nun beginnt ein Paradoxon, wie es die Literatur bis dahin nicht kannte: Einerseits wollte Daniel Defoe der Welt vorführen, wie ein Leben in der Natur ohne alle Zwänge, Konventionen und Verbiegungen der Zivilisation aussehen könnte, andererseits stellt sich Robinson im zweiten Abschnitt seines Inseldaseins die Aufgabe, ebendiese Zwänge und Konventionen und angeblichen Verbiegungen dem »wilden« Mann beizubringen.

Die Erzählung ist fürwahr radikal, nämlich weil sie uns ernst nimmt wie kein anderes Buch zuvor. Wir – das heißt: *Ich*. Am Anfang steht das Ich. *Ich* trete der Welt gegenüber. *Ich* bin allein, zunächst jedenfalls bin ich allein. *Ich* muss mich in der Welt einrichten. Wenn ich das gut mache, wenn ich vorsichtig und nachsichtig in einem bin, wenn ich meine Kräfte beherrsche, sie aber nicht überschätze, dann kann es mir gelingen, in der Welt Fuß zu fassen. Erst dann bin ich gerüstet für das *Wir*.

Es ist kein Wunder, dass *Robinson Crusoe* bis heute vor allem junge Menschen fasziniert. Zu Recht wurde und wird der

Roman als Jugendbuch bezeichnet – aber er ist mehr. Wie die Romane *Tom Sawyer* und *Huckleberry Finn* von Mark Twain ist »der Robinson« ein Buch für alle.

Und: Es ist ein philosophischer Roman. Eine Generation vor Jean-Jacques Rousseau und seiner Parole »Zurück zur Natur!« skizziert Daniel Defoe mit dieser exemplarischen Geschichte die Widersprüche in der Philosophie der Aufklärung, wie sie mehr als zweihundert Jahre später von Theodor W. Adorno und Max Horkheimer in ihrer berühmten Schrift *Die Dialektik der Aufklärung* formuliert wurden. Auf die einsame Insel des Robinson Crusoe müssen wir unbedingt dieses Werk mitnehmen.

Keith Richards' linker Unterarm

Sich selbst etwas wert sein – das ist nicht leicht, nein, das ist nicht leicht. Und das Glück, sich selbst rätselhaft zu erscheinen, reduziert sich auf wenige Augenblicke – und erweist sich womöglich als Horror. Manche Zyniker – oder sagen wir besser: Kyniker – meinen, der Mensch verliere am Ende der Jugend seine Seele; sie verabschiede sich von ihm, weil von nun an seine Bedürfnisse ins Unermessliche wachsen. Als Diogenes einen Knaben sah, der Wasser aus der hohlen Hand trank, warf er seinen Becher weg und tat es ihm gleich; das Kind verstehe es, noch einfacher als er zu leben. – Ich habe allerdings auch schon die Variante gehört, der Knabe habe den Becher aufgehoben und mitgenommen und sich von nun an beim Wassertrinken erheblich leichter getan. – Die Seele ist das Einzige in uns, was uns immer wieder und – trotz Sigmund Freud – immer noch zum Staunen bringt. Ist sie nicht mehr bei mir, dann leben Ich und Ich zusammen wie ein altes Ehepaar, das sich nichts, aber auch gar nichts zu sagen hat. Scheidung wäre möglich – wenn Körper und Geist der Seele nachfolgten.

Goethe hielt die Begeisterung für den besten Teil des Menschen. Warum sind wir gut und schön, besser und schöner, interessant und sexy, interessanter und begehrenswerter, wenn wir uns begeistern – oder fühlen uns wenigstens so? Begeisterung ist Teilhabe. Wenn wir uns begeistern, haben wir an etwas teil, was über uns hinausweist. Es muss ja nicht gleich etwas Göttliches sein; wenngleich nichts höher über uns traurige Erdlinge hinausreicht als dieses – was letztlich den Erfolg der Idee Seele ausmacht, denn sie war immer gedacht als göttlicher Teil in uns. Meister Eckhart sagte – und wurde dafür von der Inquisition verfolgt –, sie sei ein Unerschaffenes, auch nicht von Gott Erschaffenes und somit Gott Ebenbürtiges.

Die Jugend des Kynikers endet, wo die Begeisterung endet. Aber so weit sind wir noch nicht. Erst die Frage: Was ist es, woran wir im Zustand der Begeisterung teilhaben? Wir begeistern uns für das Genie Mozart, wir begeistern uns für das unglaublich lässige Auftreten eines Popstars, wir begeistern uns für einen großen Rhetoriker, für die Wundmale Christi, für Albert Einstein und Charlie Chaplin, wir begeistern uns für das menschenleere Weltall ebenso wie für das unheimliche Spiel von Bakterien und Viren, wir begeistern uns für den Kommunismus, für den Faschismus, für die Verführer, auch wenn uns der Verstand schon bei geringer Leistung klar und deutlich sagt, wir werden zum Schlechten verführt. Oft halten wir an unserer Begeisterung noch fest, wenn längst schon bewiesen ist, dass uns der Verführer angelogen und ausgebeutet hat. Was ist all diesen Begeisterungen gemeinsam? – Das Rätsel. Sagen wir lieber: das Rätselhafte.

Was aber ist das Rätselhafte? Was trauen wir ihm zu? Was muss es, was darf es nicht?

Das Rätselhafte muss: uns versprechen, dass wir es nie ganz und gar ergründen werden. Es ist mehr als eine Frage – weshalb es mehr braucht als eine Antwort, um es zu lösen. Es stellt vielleicht Fragen, ist aber selbst keine.

Als ich jung war, berichtete mir ein Freund von einem Konzert der *Rolling Stones* im Hyde Park in London – ja, von ebenjenem legendären Konzert nach dem Tod von Brian Jones. Er sei ganz vorne bei der Bühne gestanden. Er war enttäuscht. Nicht von der Musik. Er hat Keith Richards zu nahe vor sich gehabt. Er war nicht enttäuscht wegen des heruntergekommenen Aussehens seines Idols. Im Gegenteil. Mein Freund fasste seine Enttäuschung in einem Satz zusammen, den ich umwerfend komisch und niederschmetternd tragisch in einem fand: »Keiths Unterarme sehen aus, wie ich schon hundert andere Unterarme gesehen habe.« Von den rätsellosen Unterarmen des Rockstars hat er auf einen rätsellosen Charakter desselben geschlossen. Der Rockstar war plötzlich Teil jener Menschen, aus deren Teilhaberschaft mein Freund eben durch ihn erlöst werden wollte – welche Enttäuschung!

Es gelang mir, meinem Freund die Begeisterung zurückzugeben. Ich sagte: »Du hast dir nur *einen* Unterarm angesehen, den rechten. Über den linken hat Keith einen Ärmel geschoben.« Wir sahen uns Bilder vom Konzert an, und ich erklärte meinem Freund, dass der linke Unterarm von Keith Richards übersät sei von Einstichen. Der Gitarrist war schwer heroinsüchtig. Unter Heroinsucht verstanden wir beide – und nicht nur wir – eine Lebensform, die den Tod als sexy akzeptiert, zumal den selbst gewählten und insbesondere den selbst gewählten langsamen Tod als den Inbegriff von Souveränität und Leckts-mich-alle-am-Arsch. Es war sehr, sehr rätselhaft, sich selbst langsam mit einer Nadel töten zu wollen. Keith Richards tat es stellvertretend für uns. An dieser Rätselhaftigkeit konnte nun mein Freund wieder teilhaben, auch wenn Keiths entblößter rechter Unterarm aussah, wie er schon hundert andere Unterarme gesehen hatte.

Was muss das Rätsel noch? Es muss Befriedigung versprechen. Was darf das Rätsel nicht? Es darf nicht Befriedigung geben. Damit hat es die Struktur einer Sucht.

Wenn es wahr ist, dass Begeisterung Teilhabe ist, dann bedeutet sie: Begeisterung für mich selbst; denn durch meine Teilhaberschaft werde ich geadelt, und der Adel besteht darin, Teil des Rätselhaften zu sein.

Das einzige wirklich philosophische Problem ist nicht, wie Camus mutmaßte, der Selbstmord – der löst ja das Rätsel –, sondern das Ich, das nach Auflösung strebt. Ein toter Körper ist bar jeden Rätsels. Das leblose ehemals Lebendige langweilt uns. Deshalb lebt Elvis ewig. Die Himmelsbewohner – ebenso die Höllenbewohner – sind lebende Tote. Alle anderen sind tote Tote.

Womit wir bei der Langeweile wären.

Was wir ganz und gar verstehen, langweilt uns. Warum eigentlich? Weil wir Welterfahrungsorgane in uns vermuten, die noch hungrig sind, wenn der Verstand längst satt ist – die noch sehen, hören, riechen, angreifen, schmecken wollen, wo der Verstand längst die Parole ausgegeben hat, hier gibt es nichts zu sehen, zu hören, zu riechen, anzugreifen und zu schmecken. Diese Welterfahrungsorgane existieren nicht nur in der Einbildung hysterischer Esoteriker. Gäbe es sie nicht, wir hätten kein Sensorium für Musik – und somit keine Musik.

Die Seele ist ein Modell, wir dürfen das nie vergessen; sie ist ein Denkmodell, was aber nicht heißt, dass es sie nicht gibt. Sie ist eine Metapher. Sie lässt uns teilhaben an etwas, dem wir zutrauen, dass es über uns hinausweist. Auch die Musik ist eine Metapher, die Metapher im Ausnahmezustand: Sie wird mit einem Sinnesorgan *aufgenommen*, aber mit einem über den Verstand hinausweisenden Welterfahrungsorgan *wahrgenommen*.

Mit dem Abschied der Seele, sagt der Kyniker, stirbt die Jugend. Halten wir dagegen: Mit der Ankunft der Seele wird die Jugend geboren. Jugend ist ebenso ein Modell, ebenso eine Metapher wie Seele. Aber sie ist. Für Faust ist Jugend identisch mit Seele. Der Zyniker Mephisto verführt Faust zum psychischen Vampirismus, indem er ihm die Jugend zurückgibt.

Wer Seele hat, ist verführbar. Wer die Sehnsucht in sich spürt, an etwas teilzuhaben, das über ihn hinausreicht, der ist verführbar. Wer diese Sehnsucht nicht kennt, wird von Langeweile getrieben, manche werden von Langeweile gemartert – manche greifen in Vaters Waffenschrank, ziehen einen schwarzen Ledermantel an, fahren in ihre Schule und schießen auf alles, was sich bewegt, nur um den Schmerz der Langeweile zu lindern.

Die Langeweile ist ein Problem, dem sich nur wenige Philosophen gewidmet haben, unter ihnen Pascal und Schopenhauer. Sie ist einerseits – man kann sie drehen und wenden, wie man will – unattraktiv, uninspirierend, unintelligent, eben langweilig; andererseits präsentiert sie sich als der potentielle Amokläufer unter den Weltempfindungen. Die Langeweile ist der Nihilist schlechthin. Das Weltall mit all seinen Unglaublichkeiten kann dem Gelangweilten nicht mehr als ein Achselzucken entlocken. Wenn ich mich für nichts begeistern kann, heißt das: Ich nehme nicht teil. Und das heißt: Ich kann mich für mich selbst nicht begeistern. Dies ist ein Zustand absoluter Unbefriedigtheit, allerdings einer rätsellosen Unbefriedigtheit.

Der Wohlstand der westlichen modernen Welt hat eine Therapie zur Behandlung dieser Krankheit gefunden: Konsum. Wer keine Seele hat, sollte wenigstens Geld oder Kredit haben. Wer kein Geld und keinen Kredit hat, sollte Seele haben. Wer beides nicht hat, der ist fürwahr ein armes Schwein.

Bei der Flut von Bildern ist es schwer, irgendwo irgendetwas zu finden, was noch nicht entzaubert wurde. Aber immerhin: Keith Richards kann noch so penibel auf seinen linken Unterarm achten, irgendwann rutscht der Ärmel nach oben – und schon ist ein Fotograf zur Stelle, und wir sehen, was wir nicht schon tausendmal gesehen haben ...

»Dem Ingeniör ist nichts zu schwör«

Der Panzerknacker 176-7/6 empört sich, weil niemand da ist, der zur Verteidigung seines Berufsstandes die Stimme erhebt: »Wozu sind wir Mitglieder im Interessenverband der Ein- und Ausbrecher?« Sein Kollege 176-6/7 antwortet, ebenfalls empört: »Ja, und dem Ringverein der Fälscher, Forstfrevler und Fassadenkletterer gehören wir auch an.«

Im englischen Original heißen die Burschen mit den ewigen schwarzen Tarnbrillen »Beagle Boys«. »Beagle« ist der Name einer Hunderasse, Jagdhunde. Frau Dr. Erika Fuchs, die Übersetzerin der Donald-Duck-Geschichten, hat die Namen der Einwohner einer von bunten Tieren bevölkerten Stadt ins Deutsche übertragen, und dies mit sehr freier Hand. Dass Walt Disney dazu die Erlaubnis gab, ist erstaunlich, wo er doch sonst in Urheberrechtssachen unerbittlich streng sein konnte. Der Konzern des Großmeisters der amerikanischen Comics und Zeichentrickfilme hat wohl sehr bald begriffen, dass er mit der Literaturwissenschaftlerin, Kunsthistorikerin und Archäologin ein außerordentliches Talent gewonnen hatte, das man nützen, aber nicht einengen konnte. Sie durfte in ihren Übersetzungen der Bildergeschichten, die zum größten Teil von dem anderen außerordentlichen Talent, dem Zeichner Carl Barks, stammten, schalten und walten, wie es ihr beliebte. Aus Donalds Neffen »Huey, Dewey und Louie« machte sie

»Tick, Trick und Track«; der geizigen, einer Erzählung von Charles Dickens nachgestalteten Figur »Scrooge McDuck« gibt sie in der Übersetzung den Namen »Dagobert Duck«; »Gyro Gearloose«, den genialen Erfinder – dem Ingeniör, dem nichts zu schwör ist –, tauft sie um in »Daniel Düsentrieb«, eine der genialsten Wortschöpfungen aus ihrer Werkstatt. Und aus dem vom Zeichner Carl Barks »Duckburg« genannten Städtchen wird das weit über unsere Sprache hinaus berühmte »Entenhausen«. Die umliegenden Ortschaften übrigens haben so wunderbar sprechende Namen wie »Kummersdorf« oder »Quakenbrück an der Schnatter«.

Aber nicht nur in den Namen verfuhr Frau Fuchs frei und nach ihrem Geschmack, auch die Dialoge der Sprechblasen gestaltete sie um oder erfand sie frischweg neu. In einem Gespräch, da war sie schon weit über achtzig, konfrontierte sie der Journalist mit seinem – und nicht nur seinem – Urteil, sie habe aus den relativ schwachen Texten des amerikanischen Originals in ihren Übersetzungen große moderne Literatur gemacht. Tatsächlich blitzt der Witz, den wir als so typisch für diese Geschichten bezeichnen, nur in den deutschen Ausgaben auf. Frau Fuchs wehrte sich charmant dagegen – auch um ihren Freund Carl Barks in Schutz zu nehmen. Witz sei nicht übersetzbar, sagte sie. »Die Amerikaner lachen über andere Dinge als wir.« Außerdem fänden sich Anspielungen auf literarische und andere Traditionen in der amerikanischen Kultur viel seltener als bei uns. Also sei ihr nichts anderes übriggeblieben, als zu den vorgegebenen Geschichten und Figuren neue Dialoge zu schreiben.

Und neue Worte zu erfinden – müsste man hinzufügen. Sie

erfand Wörter, die Geräusche sprachlich wiedergeben sollten – zum Beispiel sehen wir, wenn Donald in die Steckdose greift, quer über das Bild ein graphisch schmerzhaft gezacktes »Spratzel-Spratzel!«. Darüber hinaus gilt Erika Fuchs als Begründerin einer in der deutschen Sprache neuen Verbform: des nach ihr benannten Erikativs. Diese sprachliche Form ist inzwischen längst in den allgemeinen Sprachschatz übergegangen – »ächz«, »grübel«, »würg«, »seufz«, »schluck«, »knirsch« …

Apropos Anspielungen: Ich weiß nicht, wie viele Dissertationen und andere wissenschaftliche Arbeiten geschrieben wurden, in denen den unzähligen historischen und literarischen Anspielungen in den Übersetzungen von Erika Fuchs nachgeforscht wird. Auf Wikipedia finden wir etliche Hinweise. Die Ingeniör-Sentenz zum Beispiel ist eine satirische Nadel auf das seinerzeit berühmte Ingenieurlied von Heinrich Seidel: »Dem Ingenieur ist nichts zu schwere – / Er lacht und spricht: / »Wenn dieses nicht, so geht doch das!« / Er überbrückt die Flüsse und die Meere, / Die Berge unverfroren zu durchbohren ist ihm Spaß …« Oder wenn Tick, Trick und Track, die ebenso drolligen wie besserwisserischen Drillinge, schwören, dass sie sich bei aller Unbill beistehen wollen, dann lesen wir: »Wir wollen sein ein einig Volk von Brüdern, in keiner Not uns waschen und Gefahr.« Das ist dem grimmigen Rütli-Schwur aus Schillers *Wilhelm Tell* nachgeredet; statt »trennen«, wie es bei Schiller heißt, sagen sie »waschen« – hinterher sieht der humorfreie Schiller ziemlich baff aus. Oder wenn Daniel Düsentrieb, dem wieder einmal eine seiner Erfindungen nicht gehorchte, resigniert feststellt, er wolle stets das Gute, schaffe aber meistens nur Böses, dann bleibt uns nichts anderes übrig, als an Mephisto in Goethes *Faust* zu denken, dem es genau umgekehrt geht; aber auch an Albert Einstein denken wir, der mitten im Krieg den damaligen amerikanischen Präsidenten Roosevelt bat, so schnell wie möglich die Atombombe zu bauen, um Hitler zuvorzukommen, und der nach dem Krieg zu einem vehementen Warner vor der atomaren Aufrüstung wurde.

Der Literaturkritiker Denis Scheck schreibt: »Die Comic-Texte der Erika Fuchs haben die deutsche Sprache bereichert wie keine zweite literarische Übersetzung seit dem Zweiten Weltkrieg.« Sie selbst gibt sich bescheiden: »Ach, ich habe nur versucht, die Personen sprachlich zu unterscheiden als Vertreter von einer bestimmten Klasse und Generation. Und so redet eben Onkel Dagobert sehr korrekt, mit Konjunktiv und mit dem echten Genitiv, mit sehr vielen Sprichwörtern, sehr autoritär auch. Donald, der ja keinen Erfolg im Leben hat, der wetzt das aus, indem er oft blumig spricht und manchmal fast poetisch wird. Das habe ich mir so allmählich ausgedacht, daß man dadurch die Sache bereichern könnte. Das ist ja im Amerikanischen eigentlich nicht so möglich, weil da jeder im selben Stil spricht, die Unterschiede sind nicht so groß wie bei uns.«

Erika Fuchs, die Spracherneuerin – damit reiht sie sich ein neben die großen Übersetzer, die den Horizont der deutschen Sprache manchmal weiter spannten als ihre originären Dichterkollegen: Luther mit seiner Bibelübersetzung, Heinrich Voss mit dem Homer und Schlegel/Tieck mit Shakespeare.

In den fünfziger Jahren wurden Comics in Deutschland und Österreich noch als Schund bezeichnet, und die meisten

Exemplare, die im Umlauf waren, wurden diesem Urteil durchaus gerecht. Die ersten Übersetzungen von Hergés unvergleichlichen Bildromanen *Les aventures de Tintin* kamen etwa zur gleichen Zeit heraus als *Tim und Struppi*. Sie stießen ebenso auf Unverständnis wie die Donald-Geschichten. Man warf alles, was bunt gezeichnet und mit Sprechblasen versehen war, in einen Topf. An manchen Schulen sollen Lehrer sogar Heftverbrennungen im Schulhof organisiert haben. Die Kinder, so hieß es in mitunter hysterischen Aufrufen, würden durch die Lektüre verdorben, ihre Seele lebenslang geschädigt. Um das Image der bunten Hefte aufzupolieren, suchte der Disney-Konzern nach einem angesehenen Übersetzer, promoviert sollte er sein, am besten ein Professor. Die männlichen Honoratioren winkten allerdings alle ab. Da trat man eben an Frau Dr. Fuchs heran, und sie war bereit, sich der damals wenig geachteten Aufgabe anzunehmen. Zu den Naserümpfern soll sie gesagt haben, sie zahle für jeden falschen Konjunktiv, der ihr in ihren Übersetzungen nachgewiesen werde. Sie musste nicht zahlen.

Dass Comics endlich auch bei uns als die »7. Kunst« anerkannt wurden, ist nicht nur, aber vor allem das Verdienst von Erika Fuchs. Donald Duck, der kleine Erpel im Matrosenanzug, der eigentlich nur ein Thema in seinem Leben kennt, nämlich das Geld respektive der Mangel desselben, wurde im deutschsprachigen Raum zu einer der großen, unvergleichlichen literarischen Charaktere des 20. Jahrhunderts. Diesen jähzornigen, aber auch überschwänglich optimistischen, dann wieder tieftraurig räsonierenden Charakter – »ich bin ein Niemand, der allernichtigste Niemand in ganz Entenhausen« –, der uns in Tiergestalt Menschlich-Allzumenschliches vorführt, wir verdanken ihn dieser Frau.

Erika Fuchs wurde neunundneunzig Jahre alt, am 22. April 2005 ist sie in München gestorben. Verheiratet war sie mit einem Techniker und Erfinder – gefinkelte »Donaldisten« glauben herausgefunden zu haben, dass Frau Fuchs in ihren Briefen und Telefonaten dem Zeichner Carl Barks allerlei Ezzes zu der Figur des Daniel Düsentrieb gegeben hat, die sie wiederum von ihrem Mann Günter Fuchs zugesteckt bekam, zum Beispiel die köstliche Szene, in der Mister Düsentrieb Butter macht, indem er, das Butterfass mit der Milch am Rücken, auf Sprungstelzen durch Entenhausen hüpft. Sie war ein bescheidener Mensch, eine Frau mit einem abgrundtiefen Witz, wie er in der deutschen Literatur gerade noch bei Georg Christoph Lichtenberg zu finden ist. Ihr letzter Wunsch war, neben ihrem Mann, den sie um einundzwanzig Jahre überlebt hatte, beigesetzt zu werden. In einen einfachen Stein sind ihre beiden Namen gemeißelt, nur ihre Namen. Die Kommentare geben wir ab. Wer diese Erika Fuchs war und was sie geleistet hat, das weiß jeder.

Don Juan

Warum fährt Don Juan in die Hölle?

Die erste Gestaltung des Stoffes für die Bühne kennen wir von Tirso de Molina. Tirso war ein Mönch, er hieß eigentlich Gabriel Téllez und hat, so wurde geraunt, in der Figur des Don Juan seinen Vater dargestellt, der ihn, das außereheliche Kind, nicht anerkennen wollte. Ein literarischer Racheakt also. Dass die Bühnengestalt in ihrer sexuellen Gier eine besonders widerwärtige Ausnahmeerscheinung war – und der Schlag in die Hölle würde doch gewiss nur in einem solchen Fall geführt –, lässt sich aus der Sittengeschichte des 17. Jahrhunderts allerdings nicht ableiten. Nein, übermäßiger Sex wird nicht mit der Hölle bestraft; sogar dann nicht, wenn der Verführer lügt, betrügt, seine und die Ehre anderer verletzt, auch nicht, wenn er Herzen und Gesetze bricht.

Exempel eins: Lope de Vega (1562–1635), der Dichter mit dem umfangreichsten Werk der bisherigen Literaturgeschichte – noch vor Georges Simenon –, der ähnliche Figuren immer wieder auf die Bühne brachte, darunter auch solche, die den Don Juan an Ruchlosigkeit spielend übertrumpfen, hätte mit seiner realen Biografie der literarischen Figur durchaus Konkurrenz bieten können: Ehebrüche, Konkubinat, lebenslange Promiskuität, Duelle, Betrügereien, von Vergewaltigungen wird ebenso berichtet wie von Entführungen. Lopes Leben hätte Mozart und da Ponte ebenso als Vorlage dienen können, wäre es den beiden nur auf die erotischen Eskapaden ihres Helden angekommen. Der Dichter starb übrigens fünf Jahre nach der Uraufführung von Tirsos *Don Juan oder der Verführer von Sevilla und der steinerne Gast*. Beim Begräbnis war kein Schwefel zu riechen, es war das größte gesellschaftliche Ereignis des Jahres, Lope de Vega wurde mit allen staatlichen und kirchlichen Ehren begraben. Niemand kam auf den Gedanken, das ausschweifende Leben dieses Mannes müsste in einer Höllenfahrt enden.

Exempel zwei: Als Lope de Vega starb, war ein gewisser Miguel de Mañara gerade sieben Jahre alt. Aus ihm wird ein Don Quichote der Erotik werden. Mit vierzehn sah er den *Don Juan* von Tirso de Molina und gelobte am selben Abend in der Öffentlichkeit des Theatersaals, er werde die Literatur ins Leben erheben, er werde nach Sevilla ziehen und werden wie Don Juan. Das hat er getan. Und er kam seinem Vorbild sehr nahe. Ja, er überflügelte es. Er hat das Register erfunden, das seit Mozarts Oper *Leporello* genannt wird. Und er hat mit dieser Liste geprahlt. Ein darin aufscheinender betrogener Ehemann hat ihn halb totgeprügelt, vermochte damit den Lebensstil seines Opfers aber nicht zu ändern. Miguel de Mañara war ein berüchtigter, aber angesehener Bürger von Sevilla. Die Männer bewunderten und fürchteten ihn, die Frauen fühlten sich zu ihm hingezogen, fühlten sich von ihm ästimiert. Murillo hat ihn gemalt, und der sah sich, wie man weiß, in erster Linie der Madonnen- und Heiligenmalerei verpflichtet. Dass der Wüstling eine Höllenbeute werden könnte, davon war in Sevilla nicht die Rede. Die Prügel hat man ihm gegönnt, die Hölle aber wäre sogar seinen Feinden übertrieben vorgekommen. Im Alter von zweiundzwanzig Jahren stellte er seine Ausschweifungen übrigens ein, aus freien Stücken, ohne Stimme vom Himmel oder Drohung aus der Hölle, ohne die Warnung einer steinernen Figur auf einem Friedhof, er heiratete, wurde harmlos und wohltätig. Sein Donjuanismus war eine lässliche Jugendsünde gewesen. Er starb mit zweiundfünfzig. Es gab sogar Bestrebungen, ihn heiligzusprechen.

Warum also die Höllenfahrt des Don Juan?

Die Figur des Steinernen Gastes am Ende des Stücks hatte Tirso de Molina aus alten Moritaten übernommen, in denen ein erotischer Nimmersatt keine Rolle spielte – wohl aber ein arroganter Adeliger, der sich nimmt, was er will. Er fühlt sich über alles und jeden erhaben. Eben weil er ein Adeliger ist. Bauer und Bürger können sich nicht gegen ihn wehren. Auf ihre Wertvorstellungen pfeift er, auf ihre Gesetze ebenso. Die Wut seiner Opfer ist ohnmächtig. So eine Figur konnte im 17. Jahrhundert die Gemüter erhitzen – und somit ein Theaterpublikum anziehen –, im 18. Jahrhundert, dem Jahrhundert der Französischen Revolution, aber wurde diese Figur zum Thema: der hochmütige Adelige, der Blutsauger, der sich alles erlaubt. Und sich alles erlauben kann. – Alles? Wirklich alles?

Nein, nicht alles kann er sich erlauben. Der Schuft aus den alten spanischen Balladen versündigt sich am Ende gegen die Totenruhe. Über diese aber wacht ein Gesetz, das nicht auf Erden beschlossen wurde. Deshalb wird ein Vergehen gegen dieses Gesetz vom Himmel bestraft. Und die Strafe des Himmels ist nun einmal die Hölle. Indem Tirso de Molina den Steiner-

nen Gast in sein Drama einführt, befriedigt er die Rachege-
lüste des Bürgers. Das musste ein Erfolg werden.

Dass Don Juan/Don Giovanni die Frauen reihenweise verführt, ist sicher ein Stachel im Bürgergewissen, dass er seine
Opfer obendrein schuldig macht, das heißt, dass er sie willig
und abhängig macht, ängstigt den Bürger und ist ihm unheimlich, findet er widerwärtig – zum Abtransport in die Hölle
reicht das alles jedoch nicht aus. Dass er sich auf dem Friedhof
über den Komtur, den er getötet hat, lustig macht, indem er
ihn zum Abendessen einlädt, das ist zu viel, das ist endlich zu
viel! Jetzt kriegt er sein Fett ab. Die Bürgerseele findet Aus-
gleich und Ruhe. Die Rache ist geführt. Und der Bürger
brauchte sich nicht einmal die Finger schmutzig zu machen.

Im Don Juan hat der Adel eine tragische Figur gefunden.
Gezeichnet allerdings aus dem plebejischen Blickwinkel von
unten, weswegen Tirso de Molinas Stück zwischen Tragödie
und Komödie irisiert. Immer wieder wurde Don Juan mit
Faust verglichen – in besonders brillanter Form von dem Literaturwissenschaftler Hans Mayer. In Faust hat das Bürgertum
seine tragische Figur gefunden. Goethe rettet ihn mit komisch/
tragischer Willkür vor der Höllenfahrt. In der Geschichte um
Don Juan kommt der Teufel nicht vor, hier agiert der Himmel.
Bei Faust spielt der Himmel eine passive Rolle, die Kraft, die
das Drama vorantreibt, ist Mephisto. – Das sollte uns Bürgern
zu denken geben.

Michail Bulgakow:
Der Meister und Margarita

Dieser Roman ist das Kultbuch schlechthin. 1940 vollendet – im gleichen Jahr, als sein Autor starb –, musste es ein gutes Vierteljahrhundert auf seine Veröffentlichung warten. Als es 1966 als Fortsetzungsroman in einer Literaturzeitschrift erschien, war es von der Zensur stark gekürzt worden. In wenigen Stunden, hieß es, wurden 150 000 Exemplare verkauft. Die fehlenden Teile wurden auswendig gelernt und mündlich weitergegeben oder mit der Hand abgeschrieben oder mit Schreibmaschine und Durchschlagpapier unter der Hand vertrieben. *Der Meister und Margarita* wurde zum Symbol des Widerstands gegen die Zensur in der Sowjetunion.

Die Handlung scheint verwirrend, weil sie sich auf zumindest drei verschiedenen Ebenen abspielt. Zugleich aber liest sich der Roman ganz leicht, und ich kann Ihnen versprechen, Sie werden schmunzeln und oft laut lachen, und wenn Sie jemanden an Ihrer Seite haben, einige Dialoge vorlesen wollen. Das Buch wurde als *die* große Satire auf den »real existierenden Sozialismus« gefeiert, es ist aber viel mehr. Die Zustände unter dem Stalinismus waren absurdeste Satire und Grauen in einem. Der Teufel kommt nach Moskau, er ist ein Gaukler, ein Zauberer, sitzt im Park und trinkt Aprikosenlimonade, die nach Friseur riecht. Ein aufrecht gehender Kater begleitet ihn, die beiden verwirren mit ihrer Art, wie sie Gespräche führen, die Menschen, sie richten Entsetzen und Unheil an. Zugleich sitzt in einem Irrenhaus ein Dichter, der seinen eigenen Namen vergessen hat – ein Bild für die Selbstzensur! – und nur noch weiß, dass ihn seine Geliebte Margarita einst »Meister« genannt hatte. Er sitzt ein wegen eines Romans über Pontius Pilatus, der den Zensoren ein Ärgernis war, wie ihnen eben alles, was sie nicht verstehen, ein Ärgernis ist. Auszüge aus dem Manuskript können wir als Roman im Roman lesen.

Die Passagen, in denen wir von Jesus – im Buch »Jeschua han-Nasri« genannt – erfahren, haben mich am stärksten beeindruckt. Die Szene, als er Pontius Pilatus gegenübersteht und die beiden sich lange anschauen und Jesus dem Statthalter von Jerusalem sagt, er sehe ihm an, dass er Kopfschmerzen habe, ist mit einer Plastizität beschrieben, die – und das ist die unerhörte Kunst des Michail Bulgakow – die vorangegangenen Kapitel, die fantastisch und satirisch zugleich und damit auch lustig sind und ebendeswegen die Gräuel des Stalinismus zu relativieren scheinen, nun in einem realistischen Licht zeigen: Dieses Grauen – das erkennen wir nun – kann mit einfachen erzählerischen Mitteln nicht erfasst werden, wir müssen ins Sagenhafte, ins Märchenhafte, ins Lachhafte ausscheren. Pontius Pilatus hat Sympathie für Jesus. Er könnte ihn freisprechen, aber es wäre anstrengend ... und er hat Kopfweh ... also soll getan werden, was mit Aufrührern eben getan wird ... Das Umfeld des Pilatus wird beherrscht von der Konkurrenz unter den verschiedenen Geheimdiensten und den Helfershelfern eines rigorosen Überwachungsstaates. Die Politik bringt den Sohn Gottes zu Fall. Wie wird es erst den Menschen ergehen?

Michail Bulgakow, 1891 in Kiew geboren, konnte sich über die Stalinzeit hinwegretten, indem er fürs Theater arbeitete und sein Hauptwerk im Geheimen hielt. Ab 1930 wurde die Veröffentlichung all seiner Werke verboten. Auch mit Bulgakow trieb Stalin sein Spielchen: Er rief persönlich beim Autor an und versprach ihm seine Hilfe, empörte sich über einen Befehl, den er doch selbst gegeben hatte.

Können wir Krieg?

Wer kann Krieg? Wie geht Krieg? – Dabei haben wir gewichtige Literatur zur Verfügung, die Auskunft gibt. Angefangen bei Thukydides, der vor 2500 Jahren in seinem Werk *Der Peloponnesische Krieg* nicht nur beschreibt, wie Krieg geht, sondern vor allem nachdrücklich schildert, was Krieg anrichtet. Oder der hundert Jahre ältere Sunzi, ein chinesischer General und Philosoph, der in seinem Werk *Die Kunst des Krieges* klare Anleitung gibt, wie ein solcher zu führen sei, und zum Schluss kommt, dass jeder Krieg, soll er das Ziel, Herrschaft auszuüben, erreichen, immer ein totaler ist und dass deshalb der Entscheidung, ihn zu führen, gründliche, leidenschaftslose Überlegungen vorausgehen sollen. Der Krieg sei »der Weg zum Weiterbestehen oder zum Untergang«.

In der Wende vom 18. zum 19. Jahrhundert lebte Carl von Clausewitz, der erste moderne Kriegstheoretiker. Er war preußischer Generalmajor und schrieb das Standardwerk *Vom Kriege*, in dem er die ebenso einfache wie bemerkenswerte Definition vorlegt:

»Der Krieg ist eine bloße Fortsetzung der Politik mit anderen Mitteln.«

Bemerkenswert ist diese Definition, weil sie impliziert, dass sowohl die Politik immer den Krieg als auch der Krieg immer die Politik als Option enthält. Das heißt, dass die Politik immer darauf achten muss, ab wann ihr kriegerischer Anteil zu groß und damit gefährlich wird; aber auch – und das ist die gute Nachricht –, dass der Krieg immer zur Politik zurückkehren kann, was mithilfe der Diplomatie ja nicht selten geschieht.

Ich bin von meiner Mutter als Pazifist erzogen worden. Meine Mutter hat weder den Thukydides gelesen noch den Sunzi und auch nicht den Clausewitz. Aber sie hat den Zweiten Weltkrieg erlebt. Sie stammte aus Franken, sie war durch das gespenstisch verwüstete Nürnberg geirrt, gemeinsam mit ihrer Freundin, auf der Suche nach deren Familie. Sie sagte zu mir: »Ich habe einen Sohn nicht geboren, damit er erschossen wird oder jemanden erschießt.« Zusammen mit ihrem Glauben an einen guten Gott war dies das Fundament ihrer Lebensphilosophie.

Als ich gemustert wurde, das war eine Zeit in Österreich, als es für einen jungen Mann noch nicht möglich war, den Ersatzdienst zu leisten. Also habe ich den Militärdienst verweigert – aus Gewissensgründen. Das ging nur nach einer eingehenden Prüfung. Ich sollte definieren, was Gewissen heißt, und sollte beweisen, dass ich eines habe. Zwischen der Liebe zum Vaterland und der Liebe zu meiner Mutter habe ich mich für meine Mutter entschieden. Das ist mir leichtgefallen. Auch deshalb, weil in meinem Kopf Krieg nicht vorhanden war. Nicht in der unmittelbaren Nähe. In Vietnam, ja. Aber Vietnam war weit. Auf der Straße in Sprechchören für die Freiheit der Vietnamesen zu »kämpfen« war lässig und leicht. Hinterher ging man ins Beisel und hat mit ernster Miene ein Bier getrunken und schwarzen Tabak geraucht. Und zu Hause habe ich mich in die Badewanne gelegt.

Als Russland die Ukraine überfiel, lief ich an den ersten Tagen herum und hatte ein schlechtes Gewissen und wusste nicht, warum. Als hätte ich bisher falsch gelebt. Habe ich aber nicht. Und wenn, wen geht es etwas an? Dann wusste ich auf einmal, woher das schlechte Gewissen rührte. Daher, dass ich mein ganzes Leben lang immer als Individuum gefühlt hatte. Natürlich war ich immer wieder zornig gewesen über die Politik und die Wirtschaft und die Kultur und so weiter. Aber eine seelische Wunde, das Gefühl, verlassen worden zu sein, das Gefühl, gekränkt worden zu sein, beleidigt worden zu sein, nicht mehr geliebt zu werden – diese Gefühle hatte ich nur als individuelle Empfindungen erlebt. Ich habe an keinem gemeinschaftlichen Gefühl teilgenommen. Die Empfindung, dass meine Seele bedroht wird – wer hätte meine Seele bedrohen können? Der da und der da und vielleicht noch die da. Einzelne Menschen. Aber nicht ein Weltgeschehen.

Nun war in unserer Nähe ein Krieg begonnen worden. Er tat mir nicht weh. Noch nicht. Aber er stand vor mir, nahe. Er bedrohte – oder nein, er *hätte* meine Seele bedrohen können. Und nun hatte ich ein schlechtes Gewissen, weil ich ein Leben gelebt habe, in dem meine innigsten Gefühle Individuen galten und nur Individuen, dem da und dem da und der da. An einer Stelle seines Buches schreibt Thukydides, der Soldat weiß bald nicht mehr, wer er ist. Das Individuum wird weich und droht zu versickern.

Ich kann nicht Krieg. Ich lerne ihn auch nicht mehr. Wer sollte mein Lehrer sein? Ich habe den Thukydides gelesen – in ihm den sogenannten »Melier-Dialog«, ein einmaliges, bezwingendes Zeugnis brutalster Macht, wie die Athener die Insel Melos besetzen –, ich habe immer wieder die Aphorismen des Sunzi studiert, die uns in ihrer Eiseskälte wachrütteln, ich habe im Clausewitz gelesen, diesem Buch voller Hoffnung und Optimismus, das der Kunst der Waffenführung die Kunst der Rhetorik entgegenhält – Krieg gelernt habe ich aus allen drei Büchern nicht. Wenn, dann kann man lernen, was alles *nicht* Krieg ist, nämlich: Vernunft, Ausdauer, Kompromiss, die Kunst, dem anderen nicht das Gesicht zu nehmen, die Kunst, den anderen wissen zu lassen, dass auch wir bluten, wenn man uns sticht, dass auch wir lachen, wenn man uns kitzelt, und dass auch wir sterben, wenn man uns tötet.

»Ich habe meinen Sohn nicht zur Welt gebracht, damit er erschossen wird oder einen anderen erschießt.« – Keinen hunderttausend Worten wäre es gelungen, meine Mutter von dieser schönen Philosophie abzubringen.

Johannes Mario Simmel:
Das geheime Brot

Schreibend die Menschen als würdig der Liebe zu erachten ist um vieles riskanter, als sie hassenswert zu zeichnen. Die Geschichte des vergangenen Jahrhunderts und sehr viele Geschichten daraus erzählen uns von einem Wesen, das die mittelalterliche Satansfigur im Vergleich als humorig harmlose Spielpuppe erscheinen lässt. Wer nach dieser Epoche den Menschen dennoch weiter lieb hat, steht dumm da oder macht sich verdächtig. Der Menschenhass aber, nachdem er erst als moralisch gerechtfertigt, ja sogar gefordert erschien, ist inzwischen trivial geworden, schwarzer Kitsch. Beide Haltungen, die unbedingte Menschenliebe wie der unbedingte Menschenhass, sind dem Beruf des Schriftstellers nicht zuträglich, weil sie seinen Blick trüben. Bei näherer Untersuchung stellt sich obendrein heraus, dass der Hassende, aber auch der Liebende sich auf einen Sockel aus Arroganz stellen, der auf der bekannten Pharisäerzufriedenheit gründet, nämlich dass das Schicksal jener zum Glück nicht das eigene ist.

Johannes Mario Simmel hat in *Das geheime Brot* einen Weg beschritten, der diese Arroganzfalle, die sich in der Distanz zu den Figuren auftut, meidet. Für die Menschen, über die er schreibt, empfindet er warme Sympathie, aber er behält klare Sicht auf ihr Denken, ihr Fühlen, ihr Tun. Es ist ein alter

Weg, den er geht; es ist der ehrwürdige Weg der Märchen-erzähler.

Die Welt ist zerstört. Die Menschen hungern. Die Menschen haben kein Geld. Sie haben kein Dach über dem Kopf. Oder sie müssen den Schrebergarten räumen wie Frau Magdalena Huber, die allein ohne Mann lebt und auf ihren Sohn wartet, der in den großen Krieg nach Russland gezogen ist. Frau Huber hat das Maurerhandwerk erlernt, übt es aber inzwischen hauptsächlich in einem übertragenen Sinn aus, nämlich indem sie versucht, wenigstens die Fassade ihrer Persönlichkeit instand zu halten. Die Menschen machen Lebensinventur. Unter der Rubrik »Verloren« werden schlicht die fünf Elemente gesetzt, die zwar noch nicht das Glück, aber ein Fundament dafür sein könnten: *Meine Frau. Mein Kind. Meine Wohnung. Meine Arbeit. Meine Hoffnung.* Der dies tut, heißt Jakob Steiner, und tatsächlich scheint er, vom Fabeltier zum Menschen gewandelt, aus dem Märchen von den *Bremer Stadtmusikanten* gestiegen zu sein.

Erzählungen, die ihre Figuren als schon fertige aus der Verschalung der Verhältnisse stürzen lassen, Romane, in denen die Menschen lediglich den Hintergrund zu ihrer Zeit bilden, Bücher, die man in einen Aphorismus zusammenfassen kann – solche Literatur war mir immer suspekt, nämlich weil sie den Menschen für nicht zentrumswürdig erachtet und eigentlich nur seinen Mund nötig hätte, aus dem dann die Ideen des Autors sprechen sollen. Der Jakob Steiner und die Magdalena Huber sind von ihrer Zeit in Form gehauen, daran besteht kein Zweifel; die Welt um sie herum ist in Scherben gefallen. Aber den, der ihre Geschichte erzählt, kümmern weniger die Umstände als die Wunden, die diese Umstände geschlagen haben. Dadurch werden sie unverwechselbar – Individuen und Archetypen in einem, eben wie die Figuren, die wir aus Märchen kennen.

Jakob Steiner hat seinen innersten Kern vor der Zertrümmerung bewahren können. Dieser innerste Kern ist da. Daran hat er selbst nämlich nicht mehr geglaubt. Er ist da, und er besteht weder aus Theologenhauch noch aus Autorenwunsch; er ist da, und er ist nicht bloß Teil einer gleichsam ererbten Gnade des Menschseins schlechthin, was angesichts der unmittelbaren Vergangenheit zynisches Pathos wäre. Er ist da, und – dieser innerste Kern ist ganz aus Konjunktiv gemacht.

Die Welt ist »voller Morden«, der Mensch ist böse, aber: Die Welt *könnte* lebenswert sein, der Mensch *könnte* freundlich sein. Den Konjunktiv zum Grundbaustein von Weltanschauung zu machen – die übrigens ungefähr zu jener Zeit als ein deutsches Fremdwort die Welt eroberte – hat nichts mit Optimismus zu tun, ist nicht gleichbedeutend mit der guten alten Hoffnung, die ja paradoxerweise erst dort in Kraft tritt, wo alles verloren scheint. Der Konjunktiv lehrt vor allem eines: Es gibt kein Schicksal. Schicksal ist Lüge. Schicksal ist ein Trick. Nichts, was ist, ist zwingend so geworden. Immer *hätte* es auch anders geworden sein können. Immer *hätte* es auch besser werden können.

Das geheime Brot ist ein düsteres Buch, und es ist zugleich ein heiteres Buch. Die Düsternis lastet auf dem, was ist. Die Heiterkeit erwächst aus dem, was sein könnte. Johannes Mario Simmel glaubt an den Konjunktiv.

»Etwas Besseres als den Tod findest du überall«, heißt es in der Geschichte von den *Bremer Stadtmusikanten.*

Am Anfang des Buches begegnen wir einem Jakob Steiner, der von der exakten Umdrehung dieses Satzes angetrieben wird. Er will sich das Leben nehmen. Er will etwas Besseres als das Leben finden. Und er findet es – in Form eines Stricks und eines Baumes. Aber der Tod gelingt ihm nicht. In diesen ersten Kapiteln begegnet uns so viel ironische Verdrehung, dass wohl ein Stapel von Jahren abgetragen werden musste, ehe dies gewürdigt werden konnte. Was für ein bitterer Witz! Nach dem effizientesten Schlachten der Weltgeschichte gelingt einem Mann der Tod nicht. Aber das ist weder ein Witz, noch ist es bitter. Es ist – erstens – kein Witz, weil der Mann gequält wird und das Instrument, das ihn martert, das Leben ist, aus dem alles genommen wurde, was es einst liebenswert gemacht hat. Und was soll – zweitens – daran bitter sein, wenn nach dem wahrhaft landläufigen Tod das Leben, wie leer, unnütz, schmerzlich, grausam es uns auch immer erscheinen mag, sich gegen den Tod durchsetzt? Das Leben selbst sagt hier: »Etwas Besseres als den Tod findest du überall.« Und umgekehrt wie im Märchen vom Herrn Korbes, in dem die Dinge gegen den Protagonisten eine Allianz bilden, um ihn zu vernichten, verbinden sich hier die Dinge mit dem Leben, um das Leben des Jakob Steiner zu erhalten: Der Ast, an dem er sich erhängen will, bricht.

Die rätselhafteste Figur des Romans ist Herr Mamoulian – ein ins Positive gekehrter shakespearescher Timon, der die Menschen desto inniger zu lieben scheint, je mehr sie ihn enttäuschen. Er hat viel besessen, ist von allen ausgenützt worden und hat alles verloren. Seine radikale Selbstlosigkeit verstört uns. Wir ahnen dahinter einen Vernichtungswillen, der sich gegen den Mann selbst richtet – womöglich aber nur vorläufig. Seine Freundlichkeit ist zu gewaltig, als dass wir ihr trauen könnten. Wir ertappen uns dabei, wie wir sie dem Konjunktiv-Test unterziehen: *Könnte* diese Freundlichkeit vielleicht etwas anderes sein als Freundlichkeit? Vielleicht sogar ihr pures Gegenteil? Dieser Herr Mamoulian, Bewohner einer Ruine, opfert beinahe sein Leben, um ein kleines Mädchen lachen zu sehen. Das würde doch keiner von uns tun. Unheimlich. Krank eigentlich. Er ist der Versucher. Aber worauf hat er es abgesehen? Er ist glücklich, wenn er schenkt. Und ist umso glücklicher, je mehr er schenkt. Wir wissen, man kann die Selbstachtung eines Menschen mit Geschenken zertrümmern, die Geschenke müssen nur groß genug sein, so dass dem Beschenkten jede eigene Ambition daneben mickrig erscheint. Aber was immer der Herr Mamoulian will, was immer seine Mission sein mag, wenn er überhaupt einer solchen folgt, es kommt anders, als er denkt. Sein Haus, das nach dem Einschlag einer Bombe nur mehr ein konjunktivisches ist, wird von Magdalena Huber, von Jakob Steiner und den anderen wiederaufgebaut. »Dass die Menschen verrückt sind«, so Herrn Mamoulians Kommentar, »habe ich schon lange gewusst. Aber dass sie so verrückt sein können, das ist mir neu.« Es scheint ihm offensichtlich weniger verrückt, ein Haus zu zerstören, als es wiederaufzubauen.

Ursprünglich waren Märchen nicht für Kinder gedacht, sie waren Geschichten von Erwachsenen für Erwachsene; Geschichten nicht *über* Täter und Opfer, sondern *für* Täter und

Opfer. Die Farben, mit denen sie ausgestattet waren, der Tonfall, in dem sie vorgetragen wurden, waren notwendig, um den Schmerz für den Erzähler und für seine Zuhörer erträglich zu machen.

Matthäus 11,3: »Bist du der, der kommen soll, oder müssen wir auf einen anderen warten?«

Man kann *warten*, und man kann etwas *erwarten*. Die profane Haltung ist das schlichte Warten. Darum herum lässt sich allerdings nur schwer ein Kranz mit vier Kerzen winden. Aber war das Profane je etwas anderes als die heruntergekommene Form des Sakralen? Das schlichte Warten ist freilich nicht liturgiefähig. Es erhebt unsere Herzen nicht, es macht uns gähnen. Es ist langweilig. Dabei trägt das langweiligste Warten immer noch im Kern die *Verheißung* in sich, denn auch das langweiligste Warten ist an die Zukunft gerichtet, und die Zukunft bleibt trotz aller Berechenbarkeit ein Mysterium.

Warten und Langeweile gehören zusammen wie Kaffee und Zigaretten. Beide Begriffe sind harmlos. Aber sie sind nicht harmlos. Was sie in Wahrheit meinen, ist heimtückisch und bösartig, und das umso mehr, als sie ihr Gift hinter so harmlosen Begriffen wie eben »Warten« und »Langeweile« verbergen. Ihr Gift zersetzt die Hoffnung, die immer vom Heiligen parfümiert ist, formt sie um ins »Na und?«, aus dem Sakralen wird das Profane. Dann warte ich, ohne zu wissen, worauf. Ich *erwarte* nicht etwas. Ich warte einfach. Ich warte nicht auf das Glück, ich warte nicht auf Erlösung, ich warte nicht auf den Erfolg, nicht einmal auf eine Nachricht, einen Anruf oder schlicht auf den morgigen Tag warte ich – ich warte einfach. Das ist ein modernes Gefühl, das uns Angst machen sollte, weil es gefährlich ist, doppelt Angst machen sollte, weil es zudem von dem Wort »Langeweile« verharmlost wird – das Warten an und für sich: Ich warte auf nichts, aber ich warte.

Samuel Beckett hat diesem Lebensgefühl in *Warten auf Godot* ein Denkmal gesetzt. Niemand weiß, wer Godot ist, Wladimir nicht, Estragon nicht, Pozzo und Lucky nicht. Vielleicht ist Godot eine Allegorie für das Nichts. Die Protagonisten *sind* einfach, sie warten nicht auf etwas, das Warten ist ihr Sein, als Surplus bleibt nur ein bisschen Erinnerung. Es ist ein Warten ohne einen metaphysischen Wert. Godot kommt nicht, und sie wissen, dass er nicht kommt. Sie warten, und sie geben ihrem Warten einen Sinn, indem sie so tun, als *erwarteten* sie jemanden. *Warten auf Godot* ist fürwahr ein Adventstück. Es ist das moderne Adventstück – zugleich Apotheose und Verneinung des Advent. Godot ist die übrig gebliebene Spottfigur, nachdem Christus – wie uns Jean Paul berichtet – vom Weltgebäude herab verkündet hat, dass kein Gott sei. Damit hat sich jede Transzendenz erledigt. Ich meine, seit *Warten auf Godot* ist kein Stück Literatur geschrieben worden, das den Menschen so empfindlich an seiner empfindlichsten Stelle trifft.

Woher wissen wir, dass es eine Zukunft gibt? Wie sind wir draufgekommen? Führt die Erfahrung der Zeit unbedingt dazu, auch die Zukunft zu denken? Leitet sich aus dem »Es-war« logisch und unbedingt das »Es-wird-sein« ab? Das sind notwendige Fragen, wenn wir uns mit dem Begriff des »Wartens« beschäftigen. Wenn wir das Wort Zukunft denken, sehen wir unser Gesicht nach vorn gerichtet. Die Ikonografie der Zukunft schreibt ein Vorne vor. Die Zukunft liegt vor uns, und wir schauen ihr ins Gesicht. Ist es so?

1921 kaufte Walter Benjamin ein Bild von Paul Klee, es trägt den Titel *Angelus Novus*. Benjamin schreibt:

>»Ein Engel ist darauf dargestellt, der aussieht, als wäre er im Begriff, sich von etwas zu entfernen, worauf er starrt. Seine Augen sind aufgerissen, sein Mund steht offen und seine Flügel sind ausgespannt. Der Engel der Geschichte muß so aussehen. Er hat das Antlitz der Vergangenheit zugewendet. Wo eine Kette von Begebenheiten vor uns erscheint, da sieht er eine einzige Katastrophe, die unablässig Trümmer auf Trümmer häuft und sie ihm vor die Füße schleudert. Er möchte wohl verweilen, die Toten wecken und das Zerschlagene zusammenfügen. Aber ein Sturm weht vom Paradiese her, der sich in seinen Flügeln verfangen hat und so stark ist, daß der Engel sie nicht mehr schließen kann. Dieser Sturm treibt ihn unaufhaltsam in die Zukunft, der er den Rücken kehrt, während der Trümmerhaufen vor ihm zum Himmel wächst. Das, was wir den Fortschritt nennen, ist dieser Sturm.«

Eben nicht nach vorne in die Zukunft schaut der Engel, sondern zurück in die Vergangenheit. Die Zukunft, sagt das Bild, wird eine Fortsetzung der Vergangenheit sein; die Vergangenheit bewegt sich in den leeren Raum hinein, das Gefährt, auf dem wir gefangen sind, ist die Gegenwart. Was wir von der Zukunft zu erwarten haben, ist, was wir in der Gegenwart tun.

Und was ist mit der Sehnsucht, es möge anders kommen, der Sehnsucht nach einem Sinn, der nicht wie ein Sturm aus dem Paradies die Flügel des Engels bläht, sondern wie ein milder, süßer, freundlicher Hauch vom guten Ende zu uns weht? Die Sehnsucht nach Transzendenz, nach einem Metaphysischen ist immun gegen Argumente, letztlich sogar immun gegen Beweise: Gerade darin liegen die Schönheit, die Würde und Unverletzlichkeit der Sehnsucht.

Das religiöse Denken verknüpfte seit jeher den Begriff der Zukunft mit dem des Ziels. Das christliche Denken nennt dies »Verheißung«. In der Adventszeit feiert der Christ die bevorstehende Geburt dessen, der die Verheißung aussprechen wird – der, auf den wir warten.

»Bist du der, der kommen soll, oder müssen wir auf einen anderen warten?«

Was wäre, wenn in einem dritten Teil Godot käme? Würden Wladimir und Estragon ihn erkennen? Würden sie ihn anerkennen? Samuel Beckett hat sich nie zu seinem Werk geäußert, er hat sich nie zu einer Selbstinterpretation verführen lassen. In meinen Gedanken haben sich die Stücke von Beckett, auch seine Romane, verbunden mit manchen Gedichten von William Carlos Williams. Die scheinbare Paradoxie, dass ein Nichts Heiterkeit verströmen kann, eine Heiterkeit, die uns mit dem Nichts versöhnt, habe ich in beiden Werken gefunden. Dass die Oberfläche – ein Begriff, der in unserer abendländischen Denkungsart negativ konnotiert ist – alles enthält; dass das Metaphysische und das Physische eins sind, dass ein

Blatt im Herbst in sich über sich hinausweist; dass das Transzendente nicht drüben, sondern hier ist, diesen Gedanken finde ich bei Beckett ebenso wie bei Williams.

> so viel hängt ab
> von einer roten Schubkarre
> glänzend von Regenwasser
> bei den weißen Hühnern

Zweieinhalbtausend Jahre haben wir uns den Kopf über Metaphysik und Transzendenz zerbrochen, die Folge ist: Vor vier Zeilen Beschreibung einer zufälligen Schönheit stehen wir ratlos. Georges Bataille meinte, in all ihrer imposanten Vielheit vermögen Kunst und Literatur doch nur Ersatz jener Emotionen zu sein, »die man zuvor im Heiligtum, in dem sich das Göttliche offenbarte, erfuhr«. Bei aller Verehrung für Bataille – was, wenn es gerade umgekehrt wäre? Wenn wir aus dem konkreten, sinnlichen Kleinen, aus einer roten Schubkarre zum Beispiel, unseren Himmel abstrahiert hätten – der nach nichts mehr riecht, nach nichts mehr schmeckt, der nicht klingt und den wir nicht sehen können?

Worauf warten wir dann? Auf den Wink der Augenblicke, der Donner, Regen oder milden Föhn verheißt …

Radetzkymarsch

Der peruanische Nobelpreisträger für Literatur Mario Vargas
Llosa nannte dieses Werk »den besten politischen Roman, der
je geschrieben worden ist«. Das kann einen wundern, wo doch
kaum ein »österreichischeres« Stück Literatur denkbar ist. Als
der Roman 1932 erschien, hätte man befürchten können, er
komme zu spät, denn sowohl die Welt als auch die Zeit, die darin ihr schönstes Abbild finden, waren untergegangen, und die
beginnende Epoche war an nichts weniger interessiert, als in
die nähere Vergangenheit zurückzuschauen. Tatsächlich ver-
trieb diese neue Zeit, die des Nationalsozialismus, den Autor
aus ihrer Welt und sein Werk aus den Buchhandlungen. Schon
nach dem Untergang der Donaumonarchie hatte Joseph Roth
seine Heimat verloren, seine geistige, seine seelische Heimat.
Er wurde zu einem unsteten Reisenden. Den Roman *Radetzkymarsch* hat er vornehmlich in Kaffeehäusern und Hotels geschrieben – in Frankfurt, Berlin, Baden-Baden, Paris und an
der Côte d'Azur. Ihm folgte, als eine Art Parallelgeschichte, der
Roman *Kapuzinergruft*. 1939 starb der aus dem alten Galizien
stammende Schriftsteller und Journalist in Paris.

Ich kannte einen Freund von Joseph Roth, den extravagan-
ten Juristen und Schriftsteller Max Riccabona, ein wildes Original, das mit seinen Beiträgen jede literarische Veranstaltung
in eine turbulente Parlamentsszene verwandelte. Riccabona

berichtete von seinem Freund, und immer flossen ihm dabei die Tränen über die Wangen. Dieser Mann, sagte er, war rettungslos verloren, eingekerkert in ein Gefängnis, aus dem es kein Entrinnen gibt – »wie aus Dantes Inferno« –, in das Gefängnis der Vergangenheit. Jede Erzählung ist eine Verbeugung vor der Vergangenheit, jede Erzählung beginnt – ob tatsächlich oder unausgesprochen – mit: »Es war einmal.« Aber wenn der Erzähler fertig ist und nach draußen schaut, dann herrscht dort Gegenwart. Joseph Roth habe nur noch die Vergangenheit gesehen.

Die große Kunst des Joseph Roth besteht darin, das persönliche Schicksal der Familie Trotta mit dem Schicksal der großen Monarchie unter Kaiser Franz Joseph I. zu verbinden, so dass Individuum und Gesellschaft untrennbar eine Einheit werden. Drei Generationen der Trottas gehen auf und unter im Leben des Kaisers. In der Schlacht von Solferino im Krieg zwischen Österreich und dem Königreich Sardinien im Jahr 1859 rettet der Leutnant Joseph Trotta das Leben des jungen Kaisers, dabei hatte er sein eigenes Leben aufs Spiel gesetzt. Als Dank wird er zum Hauptmann befördert und in den Adelsstand erhoben. Glücklich wird der »Held von Solferino« darüber nicht. In den Schulbüchern findet er seine Tat falsch dargestellt, das verbittert ihn, er verbietet seinem Sohn, Soldat zu werden. Er interveniert beim Kaiser, der ernennt Franz, den Sprössling seines Lebensretters, schließlich zum Bezirkshauptmann.

Dieser Sohn, Franz Freiherr von Trotta und Sipolje, ist der eigentliche Held des Romans, er steht an der Klippe des Abgrunds, des Abgrunds seiner Familie, des Abgrunds der Monarchie. Er ist der Inbegriff des loyalen, auf eigene Fantasie verzichtenden, korrekten Beamten. Die großen Leidenschaften, die lauten Gefühle, die stehen immer am Anfang, gleich welcher Anfang es ist. Das Ende kann sich hinziehen, es kleidet sich ins Halbdunkel der Melancholie. Carl Joseph, der Sohn des Bezirkshauptmanns, wird wieder Offizier, eine tragische Existenz, alkohol- und spielsüchtig – der Erste Weltkrieg bricht aus, er wird an die russische Front gezogen, seine Kameraden schicken ihn, um für sie Wasser zu holen, da trifft ihn eine Kugel, kein heldenhafter Tod. Unvergleichlich, wie Joseph Roth die Trauer des Vaters schildert. Franz Freiherr von Trotta und Sipolje reagiert auf die Nachricht vom Tod seines Sohnes – nicht. Er lässt nicht zu, dass sich auch nur eine Kleinigkeit in seinem Leben ändert. Sein Körper aber ist nicht so diszipliniert: Bis an sein Lebensende zittert sein Kopf.

Joseph Roth hat mit diesem Roman nicht nur der konservativen Lebens- und Weltanschauung ein ewig und überall gültiges Denkmal gesetzt, er hat auch literarischen Mut bewiesen, mehr als die meisten Avantgardisten seiner Zeit. Er hat eine Szene gewagt, wie sie eigentlich nur scheitern kann: Den Tod des Kaisers beschreibt er aus dem Inneren des Sterbenden. Das tut er in schier unglaublicher Sachlichkeit. Fragt mich jemand, sage ich: *Radetzkymarsch* von Joseph Roth ist der bedeutendste österreichische Roman.

Der Witz von den zwei
jüdischen Attentätern

Zwei jüdische Attentäter warten an einer Straßenecke auf Adolf Hitler, sie wollen ihn mit einer Bombe in die Luft sprengen. Auf die Minute genau sollte der Mercedes die Stelle passieren. Die Attentäter blicken nervös auf die Uhr. Bereits eine Minute über dem Termin! Eine weitere Minute darüber! Gar eine dritte Minute! Sagt der eine: »Wo er nur bleibt?« Sagt der andere: »Es wird ihm doch nichts passiert sein.«

Wer die Thora liest und sich Gedanken über die Geschichte von Abraham und der Opferung seines Sohnes Isaak macht, der kommt der Bedeutung dieses Witzes vielleicht näher. An keiner anderen Stelle des Tanach wird die Thematik von Mord und Mitleid auf so schonungslose Weise zur Diskussion gestellt. Diese schonungslose Weise greift der Witz auf, in Form einer Verdrehung freilich.

Gott stellt Abraham auf die Probe, indem er ihm befiehlt, Isaak, den Sohn, auf den er und Sara so lange gewartet haben, auf einen Berg zu führen und ihn dort zu töten.

Was tut Abraham? – Er reagiert mit mechanischer Unterordnung. Er lehnt sich nicht auf. Er fragt nicht einmal nach. Er weint nicht. Er hat keine schlaflose Nacht. Jedenfalls wird nicht davon berichtet.

Es heiß im Buch: »Er selbst nahm das Feuer und das Messer in die Hand und führte seinen Sohn auf den Berg.«

Nach einer Weile fragt Isaak: »Vater, hier ist Feuer und Holz. Wo aber ist das Lamm für das Brandopfer?«

Abraham antwortet: »Gott wird sich das Opferlamm aussuchen, mein Sohn.«

Das ist die Wahrheit und ist eine Lüge. Die Lüge liegt im Tempus. Gott *hat* sich das Opferlamm nämlich bereits ausgesucht.

Es heißt weiter: »Als sie an den Ort kamen, den ihm Gott genannt hatte, baute Abraham den Altar, schichtete das Holz auf, fesselte seinen Sohn Isaak und legte ihn auf den Altar, oben auf das Holz.«

Der Mord an seinem Sohn erscheint Abraham als eine Notwendigkeit, der zu widersprechen ebenso sinnlos wäre, wie ein Naturgesetz zu leugnen. Gott schafft die Gesetze. Mitleid wäre unbotmäßig und dumm. Gott also ist der eigentliche Täter. Schuldgefühle von Seiten des Menschen wären unbotmäßig und dumm.

Abraham streckt seine Hand aus und nimmt das Messer, um seinen Sohn zu schlachten, und in ebendiesem Augenblick ruft der Engel des Herrn vom Himmel herab, er solle dem Kind nichts zuleide tun.

Gott ist der Täter, und der Täter hat Mitleid. Abraham ist das Werkzeug.

In dem Witz von den beiden Attentätern verhält es sich ähnlich – und diametral anders. Auch die beiden Juden sind Werkzeug. Der eigentliche Täter ist ihre Moral.

Gut, das kann man immer sagen; das sagt jeder Terrorist,

sei's der im Dienst der Weltrevolution, sei's der im Dienst einer Religion. In der aufgeklärten Welt fallen Moral und Gesetz nicht immer und nicht notwendig in eines. Es wird manches als unmoralisch empfunden, was vom Gesetz nicht geahndet, und manches vom Gesetz geahndet, was nicht als unmoralisch empfunden wird. Zu Abrahams Zeiten waren Moral und Gesetz eins, und dieses Eine ging von Gott aus. Dieses Eine war Gott.

Auch zur Zeit des Nationalsozialismus gab es Gesetze, und Mord stand unter Strafe. Jedoch, wie wir wissen, nicht jeder Mord. Nicht der Mord an sechs Millionen Juden, nicht der Mord an Sinti und Roma, an Homosexuellen und Geisteskranken. Um diesen Mord zu verurteilen, war also eine Moral nötig, die über dem nationalsozialistischen Gesetz stand, ja, die sich gegen das Gesetz richtete.

Und was sagte diese Moral? Sagte sie, du darfst nicht töten, und zwar keinen Menschen darfst du töten, keinen Juden, keine Sinti und Roma, keinen Homosexuellen, keinen Idioten, aber auch keinen Soldaten einer anderen Nation, ja nicht einmal einen Nationalsozialisten – niemanden und unter gar keinen Umständen darfst du töten?

Nein, das sagte diese Moral nicht. Sie sagte: Du darfst keinen Menschen töten, nur den Tyrannen, den darfst du töten. Und zu den beiden jüdischen Attentätern sagte sie: Ihr *müsst* den Tyrannen töten!

Diese Moral befiehlt ihnen also den notwendigen Mord. Wie Gott dem Abraham den notwendigen Mord befohlen hat. Die beiden Juden sind das Werkzeug dieser Moral. Wie Abraham das Werkzeug Gottes ist.

In der Geschichte aus dem Bereschit, dem 1. Buch Mose, überfällt Gott ein unbotmäßiges Mitleid mit Isaak, und der Engel des Herrn – in Stellvertretung Gottes (vielleicht weil der sich schämte?) – befiehlt, das Kind leben zu lassen. Unbotmäßig ist das Mitleid deshalb, weil es Gottes eigenem Plan, seinem eigenen Gesetz, seiner eigenen Moral – wenn er denn eine hat – widerspricht.

Im Witz sorgt sich einer der Attentäter um Hitler. »Es wird ihm doch nichts passiert sein.« Und seine Sorge ist ebenso unbotmäßig. Wie viel Böses würde verhindert, wenn dem Tyrannen tatsächlich etwas passiert wäre!

Was könnte dem Erzverbrecher passiert sein? Dass er von anderen Attentätern getötet wurde? Dann würde der Erfinder des Witzes die Sorge des Juden anders ausgedrückt haben. Nein. Gemeint ist die sogenannte »höhere Gewalt« – ein Unfall oder ein Infarkt oder dass ihm ein Dachziegel auf den Kopf gefallen ist. Mit solchen Gedanken im Sinn pflegt man zu sagen: »Es wird ihm doch nichts passiert sein.«

Aber wer wäre schuld an einem Unfall, einem Infarkt? Wer hätte dem Dachziegel befohlen zu fallen? Die Antwort lautet: Eine über dem Menschen stehende Instanz, »die höhere Gewalt«. Gott eben. Oder wie sich Hitler ausgedrückt hätte: die Vorsehung.

Das ist das Witzige an diesem Witz, darin liegen seine Tragik und seine Komik, und zugleich wird darin, wie ich meine, das Tragikomische der menschlichen Existenz aufgezeigt: Vor dem Gedanken, Gott könnte Hitler hinweggerafft haben – zum Beispiel mithilfe eines Infarkts –, zeigt sich einer der Attentäter solidarisch und mitleidig mit dem Tyrannen. Nun geht es nämlich nicht mehr um Unterdrückte versus Unterdrücker, Juden versus Hitler, nicht um eine höhere Moral versus nationalsozialistische Gesetzgebung, sondern um Mensch versus Gott.

Noch ein Gedanke will Aufmerksamkeit, nämlich: dass die Sünden des Menschen Hitler nicht von einem Gott gerächt werden sollen, sondern von Menschen. In dem Es-wird-ihm-doch-nichts-passiert-sein schwingt auch die Empörung mit, Gott könnte dem rächenden Menschen zuvorgekommen sein. Es gibt Verbrechen, die sind zu groß, als dass ihre Bestrafung Gott überlassen werden könnte, dem alttestamentarisch rächenden nicht und dem verzeihenden Gott des Evangeliums schon gar nicht. Dieser Gedanke fügt der Geschichte einen weiteren komischen Aspekt hinzu: Ein Mensch meint, etwas besser zu wissen und besser zu können als sein Gott. Das allerdings wäre der theologische Witz schlechthin.

Priamos im Zelt des Achill

Moral und Menschlichkeit scheinen unter *einem* Gott leichter zu gedeihen als unter vielen. Der hebräische und der christliche Gott sagen ziemlich klar, was sie von uns erwarten. Wir haben die Zehn Gebote und die Evangelien. Sie schaffen einen Umriss dessen, was unter Humanität zu verstehen ist. Die Menschen zur Zeit des Homer hatten es schwerer. Göttliches Wort gab es nicht, es gab göttliche Worte und zwar ebenso viele, wie es Götter gab. Wer Apoll anhing, musste gewärtig sein, mit Zeus in Konflikt zu geraten, wer Hephaistos recht gab, hatte wenigstens einmal Pallas Athene gegen sich, die Verehrer und Verehrerinnen von Aphrodite durften mit Gegenmaßnahmen von Hera rechnen. Moralische Richtlinien von oben hatten wenig Autorität, weil sich die Götter selbst nicht darum scherten. Deshalb – da dürfen wir, die wir die Antike lieben, uns nichts vormachen – lassen sich nur wenige Beispiele von Menschenliebe, überhaupt von Liebe, in den Erzählungen des Mythos finden. Hass, Rache, Grausamkeit, Vergewaltigung – davon erfahren wir viel. Wir sehen, wie schwer es ist, Moral und Menschlichkeit zu entwickeln, wenn es der Mensch, auf sich gestellt, allein tun muss. Aber wir sehen auch, dass es möglich ist.

Im 24. Gesang der *Ilias*, dem letzten, wird erzählt, wie Priamos, der alte König von Troja, sich in das feindliche Lager der Griechen begibt und das Zelt des Achill betritt, um den schrecklichsten aller Helden zu bitten, ihm den Leichnam seines Sohnes Hektor herauszugeben, damit er ihn würdig bestatten kann. Achill hat Hektor in rasendem Zorn erschlagen, weil dieser seinen liebsten Freund Patroklos im Kampf getötet hat. Zwei Männer stehen einander gegenüber, das Herz beider ist verwüstet vom Schmerz. Der eine, Priamos, ist als Vater des Hektor ursächlich für den Schmerz des anderen. Der andere, Achill, ist die Ursache für den Schmerz des Priamos. Nach allem, was wir von Homer gewohnt sind, müssen wir auf ein Blutfest aus Hass und Rache gefasst sein. Aber Homer ist einer der größten Dichter des Abendlandes, und das beweist er – wieder einmal –, indem er unsere Erwartung durchkreuzt und damit zu unserer Selbsterkenntnis beiträgt. Beide, Achill und Priamos, wissen in diesem Augenblick, dass es niemanden auf der Welt gibt, der ihren Schmerz verstehen kann, außer: der jeweils andere.

Ich zitiere aus Schadewaldts Übersetzung:

Und die beiden dachten: der eine an Hektor, den
    männermordenden,
Und weinte häufig, zusammengekauert vor den Füßen
    des Achilleus,
Aber Achilleus weinte um seinen Vater, und ein andermal
    wieder
Um Patroklos, und ein Stöhnen erhob sich vor ihnen
    durch das Haus.
Doch als sich der Klage ergötzt hatte der göttliche
    Achilleus,

Und ihm das Verlangen gegangen war aus der Brust und
  aus den Gliedern,
Erhob er sich sogleich vom Stuhl und hob den Alten auf
  an der Hand,
Sich erbarmend des grauen Hauptes und des grauen Kinns,
Und begann und sagte zu ihm die geflügelten Worte:
»Ach, Armer! Ja, schon viel Schlimmes hast du ausgehalten
  in deinem Mute!
Wie hast du es gewagt, zu den Schiffen der Achaier zu
  kommen, allein,
Unter die Augen des Mannes, der dir viele und edle
Söhne erschlug. Von Eisen muss dir das Herz sein!
Aber komm! Setze dich auf den Stuhl, und die Schmerzen
  wollen wir gleichwohl
Ruhen lassen im Mut, so bekümmert wir sind,
Ist doch nichts ausgerichtet mit der schaurigen Klage.«

Das ist vielleicht ein Minimalprogramm an Menschlichkeit:
den Schmerz im anderen zu erkennen und anzuerkennen, den
Schmerz von seiner Ursache abzulösen und zu trauern. Sich
des anderen zu erbarmen heißt, das gemeinsame Los aller
Sterblichen an sich selbst zu erfahren. Und das ist dann doch
mehr als ein Minimalprogramm. Das ist ein fester, pragmati-
scher Boden für Humanität. Vielleicht fester als die Aufforderung des Evangeliums, den Nächsten zu lieben wie sich selbst,
wo wir es doch kaum schaffen, uns selbst zu lieben.

Inhalt

Michael Köhlmeier, 1949 geboren, lebt in Hohenems/Vorarlberg und Wien. Bei Hanser erschienen u. a. die Romane *Abendland* (2007), *Zwei Herren am Strand* (2014), *Matou* (2021) und *Frankie* (2023), außerdem Gedichtbände und *Die Märchen* (Mit Bildern von Nikolaus Heidelbach, 2019). Michael Köhlmeier wurde vielfach ausgezeichnet.